東京学芸大学附属小金井小学校算数部【編】

加固希支男・中村真也・田中英海【著】

算数授業 発問 言葉かけ 大全

子どもが考えたくなる
キーフ

JN032817

明治図書

はじめに

「今，いったい何をしているんだろう？」

　算数の授業中，ふとそんなことを思ったことはありませんか？　子どもたちはまったく動かず，自分も何を問うているのかわからなくなってしまう，あの瞬間です。

　教室は静まりかえり，遠くから，楽しそうに体育の授業をしているクラスの子どもたちの声が聞こえてきます。

　そんなとき，子どもたちが動き始める言葉があったら，どんなに心強いだろうか。そもそも，そんな状態にならないための言葉かけがあったら，どんなに助かるだろうか。そんなことを考え始めたのが，**「算数授業で使えるキーフレーズ」**を集めようとしたきっかけでした。

　本校には３名の算数部員がいます。３人で「算数授業で使えるキーフレーズ」について話していると，それぞれ使っているキーフレーズが違っていることに気づきました。

　言葉づかいには，その人のクセがあります。ですから，１人で考えても多くのキーフレーズを集めることは難しいものです。しかし，３人でキーフレーズを出し合ってみると，１人では思いもよらなかったフレーズがたくさん出てきたのです。

　本書では，算数部３人が日々の授業で使っているキーフレーズを集め，目的別に整理しました。そうすることで，

辞書的な使い方をしてもらえればと考えました。例えば，「最近なかなか問題把握がうまくいかないなぁ」と悩まれている先生には，「1　問題を把握させるためのキーフレーズ」の項目をお読みいただければ，きっと何かのお役に立てると思います。

　また，現行の学習指導要領から，「見方・考え方」を働かせることが重視されるようになりました。算数では，**「数学的な見方・考え方」**を働かせることになりますが，子どもが数学的な見方・考え方を働かせることができるようにするためにも，本書のキーフレーズは効果的です。

　子どもたちは，目の前の問題を解決することのみに意識が向きがちで，答えが出たら思考が止まってしまいます。そこで，キーフレーズを使って，数学的な見方・考え方に目を向けさせるのです。

　例えば，「この考え方，どこかで使わなかったかな？」（p.94）というキーフレーズを使えば，今までに学習したことに着目して，目の前の学習とのつながりを意識することができます。そうやって，既習事項との統合を促していくのです。

　きっと，「算数授業で使えるキーフレーズ」と聞くと，「どうせ，若い人向けのハウツー本でしょ？」と思われるかもしれません。しかし，決してそんなことはありません。我々は，すべての世代の先生方に役立てていただける本に

なったと考えています。経験の浅い若い世代の先生方には，まずは**算数の授業を展開するための１つの手立てとして**お使いいただければと思います。そして，経験が豊富な先生方には，**子どもたちが数学的な見方・考え方に目を向けるような一段レベルの高い算数の授業をするためのきっかけにしたり，算数授業に困っている若手の先生方への助言に役立てたりしていただければ**と考えています。

　算数部３人が普段使っているキーフレーズを100個集めましたが，意識的に授業をしてみると，他にもまだまだたくさんあることに気がつきました。きっと，この本をお読みになられる先生の中にも，**「もっといいキーフレーズがある！」**と思われる方も多いはずです。

　ぜひ，この本をきっかけに，様々なキーフレーズを共有し，グラウンドの体育の授業の声が気にならない，楽しい算数の授業をしていきましょう！　そして，他教科でもキーフレーズを探していただければと思っています。

　本書のキーフレーズは，読んだその日から使えるものばかりです。様々な世代に，多様な使い方をしていただければ幸いです。そして，多くの子どもが，算数授業で考えることを楽しんでくれることを願っています。

2020年12月

加固希支男

もくじ

第1章
算数授業で使える
キーフレーズの目的と価値

第2章
目的別
算数授業で使える
キーフレーズ100

1　問題を把握させるためのキーフレーズ

2　見通しをもたせるためのキーフレーズ

3 考えをつなげ，広げるキーフレーズ

4 考えを整理するキーフレーズ

5　考えを振り返らせるためのキーフレーズ

6　きまりに着目させるためのキーフレーズ

7 見方・考え方を働かせるためのキーフレーズ

8 ノート指導のキーフレーズ

9 つまずきや?を生かすためのキーフレーズ

10 苦手な子を支援するためのキーフレーズ

11　全員参加の授業にするためのキーフレーズ

12 主体的な学びにするためのキーフレーズ

第1章
算数授業で使える
キーフレーズの目的と価値

本書では，算数授業で有効な発問・言葉かけの具体例を「キーフレーズ」として100個紹介しています。これらのキーフレーズは，形式的に使うのではなく，その価値を理解したうえで使うことが大切です。そうでなければ，キーフレーズを使った後に現われる子どもの姿を価値づけていくことができないからです。

　本書では，キーフレーズを目的別に12種類（主に，1～7が授業展開のためのキーフレーズ，8～12が授業経営のためのキーフレーズ）に分類しました。第1章では，キーフレーズの目的別に，その価値をまとめていきます。

問題を把握させる

　算数では，一人ひとりの考え方を集団で話し合うことが大切です。集団で話し合う際，「何について考えているのか」がそろっていなければ話し合いなりません。そのために，問題をしっかりと共有し，把握することが必要になります。例えば，**「どっちが○○かな？」**というキーフレーズを使うだけで，子どもは自分の立場を決めることができ，その根拠を考えることができるようになります。話し合いの意図を明確にすることが，このキーフレーズの価値です。

見通しをもたせる

　問題を解決するためには「こうすればできそうだ」という見通しが必要です。見通しは子ども自身に考えさせたいものですが，自分では見通しがもてない子どももいます。

そんなときは，教師から見通しをもてるように働きかける必要があります。例えば，**「何算になりそうかな？」**というキーフレーズを使えば，「まずは式を立てればいいんだな」という見通しをもち，問題解決の第一歩を踏み出すことができます。第一歩が踏み出せれば，自分で考え始めることができる子どもは多くいます。

考えをつなげ，広げる

　算数は一人の考えを表出させたら，他の子どもにつなげ，広げていくことが大切です。そこで，**「今の説明が，図（式）のどの部分のことかわかるかな？」**といったキーフレーズを使って，一人の考え方を他の子どもにも考えさせるのです。様々なキーフレーズを使ってお互いの考えをつなげ，広げていきながら，みんなで大事な考え方を見つけ，新しい知識をつくっていくのです。

考えを整理する

　様々な解き方が出たら，それぞれの解き方に隠されている大事な考え方を言葉で表出する必要があります。そうしなければ，「なぜそんな解き方をしたのか」という発想の源がわからないからです。そして，様々な考え方が出されたら，今度は考え方を整理します。「いろんな考え方があってすごいね」で終わってしまっては，次に使える考え方になりません。**「共通する大事な考え方は何かな？」**などのキーフレーズを使い，様々な考え方の中にある共通した

大切な考え方を見つけ出すのです。

考えを振り返らせる

　大事な考え方が見つかったら，その考え方を振り返ってみるとよいでしょう。**「他のときも同じ考え方が使えるかな？」**と問うて考え方を他の場面でも使えるのか考えさせたり，**「○○をすると，どんなよいことがあるのかな？」**と問うて考え方のよさに目を向けさせたりするのです。考えを振り返らせることで，大事な考え方を多面的に見られるようにするのです。

きまりに着目させる

　算数の学習では，きまりに着目させることで，いつでも使える解き方を見つけられることがあります。そのために，**「何が決まれば，何が決まるのかな？」**というキーフレーズを使って依存関係にあるものに着目させたり，**「そのきまりはいつでも使えるのかな？」**というキーフレーズで使える範囲を広げて確かめたりするのです。

見方・考え方を働かせる

　数学的な見方・考え方は，子どもが自然と使っていることが多く，子ども自身は気づいていないことが多々あります。そこで，**「どんなところを見て考えたのかな？」「○○って，いい言葉だね」**といったキーフレーズを使うことで，数学的な見方・考え方に着目させていくのです。そうやっ

て数学的な見方・考え方を言語化させることで，今後の学習でも子どもが使えるようにしていきます。

ノート指導

　ノートは，黒板に書かれたことを写すだけでは意味がなく，思考したり，大切な考え方を残したり，自分の学習を振り返ったりするためのものです。そこで，**「ノートが黒板を写すだけになっていないね」**というキーフレーズで考え方を書くことを価値づけたり，**「前のノートを見るってすばらしいね」**というキーフレーズを使って前の学習とのつながりを意識させたりするのです。考え方をつなぎ，深め，広げるためにノートを使う意識を育てていくのです。

つまずきや？を生かす

　算数は答えが決まっているからこそ，つまずいたり，？が浮かんだまま止まってしまったりする子どもが多くいます。そういうときこそ，**「○○した気持ち，わかるかな？」****「困った人から話してみませんか？」**といったキーフレーズを使って，つまずきや？を共有し，みんなで解決していく雰囲気をつくるのです。そうすれば，わからないことがあっても，安心して参加できる授業になっていきます。

苦手な子を支援する

　算数が苦手な子は，説明を聞いている途中でわからなくなってしまうことがあります。しかし，わからないことを

なかなか声に出せません。そんなときは，説明の途中で「ここまでわかる？」といったキーフレーズを使って小刻みに確認しながら前に進みます。「わからない」という意思表示をしやすくすることが，苦手な子を支援することにつながっていくのです。

全員参加の授業にする

　全員が参加する状況をつくるだけで，授業の雰囲気は軽やかになります。何よりも「わからないことをわからないと言える雰囲気」が生まれるのがよいところです。例えば「○○さんの考え方がおもしろいよ」というキーフレーズを使うだけで，言われた子どもは一気に前のめりになります。一人ひとりの子どもにキーフレーズを使い，少しずつ授業に参加させていくのです。

主体的な学びにする

　主体的な学びにするためには，どんなことも自分事にすることが不可欠です。そのために，「○○さんが話したこと，もう一度説明できる？」といったキーフレーズを使いながら，友だちの考え方も解釈していくように促すのです。自分の考えと友だちの考えの共通点や相違点に目を向けていくことで，主体的な学びが生まれます。

（加固希支男）

第2章
目的別
算数授業で使える
キーフレーズ100

001

今日はどんなことを
考えると思う？

（前時からの発展）

もとの四角形の2倍の拡大図をかくには，いくつの
辺や角度を使えばよいでしょう。

（6年「拡大図と縮図」）

T　前の授業では，もとの三角形の2倍の拡大図のかき
　　方について考えたね。**今日はどんなことを考えると
　　思う？**

C1　前の授業で三角形の拡大図だったから，今日は四角
　　形の拡大図のかき方について考えると思います。

T　では，今日は四角形の2倍の拡大図のかき方につい
　　て考えてみましょう。

C2　三角形のときは，結局3つの辺や角度を使えばかけ
　　たけれど，四角形のときはいくつの辺や角度を使え
　　ばいいのかな？

C3　四角形は三角形2つでできるから，2倍の6つじゃ
　　ないかな？

C4　合同のときは5つでできたから，5つだと思う。

T　では，いくつの辺や角度を使うか考えながら，もと
　　の四角形の拡大図をかいてみよう。

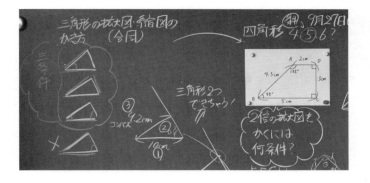

　算数は，前に学習した知識を使って，新しい知識を発見することが大事な学習です。そこで，「今日はどんなことを考えると思う？」と問い，前の学習とのつながりを意識させるのです。

　今日の学習の内容を予想するためには，前時の授業を思い出すことが必要になります。「前の授業では，こんなことをしたから，今日はこんなことをするのかな？」と考えるだけで，子どもの中で学習のつながりが意識されます。そうすると，**解決する問題だけでなく，「何を考えるべきか」という課題についても意識できるようになります。**

　また，授業の最初だけでなく，授業の最後に，

「次の授業ではどんなことを考えると思う？」

と問い，問題を発展させることも大事です。この発問をすることで，子どもが学習のつながりを意識し，問題を発展させられることを目指していきます。

□の中にどんな数が入ったら
できそうかな?

(問題構造の把握)

> □Lのジュースを3人で等しく分けます。
> 1人分は何Lでしょう。

(4年「小数のかけ算とわり算」)

C 1 □には何が入るのですか?

T **□の中にどんな数が入ったらできそうかな?**

C 2 3です。

C 3 3Lを3人で分けるなら, 3÷3で1Lだね。

C 4 6や9でもできるね。

C 5 3の段の答えならできそう。

C 6 わり算の式にすると, □÷3だね。

T □にもし, 3.6を入れると同じようにできるかな?

C 7 あれ? 小数のわり算はまだ習ってないよ。

C 8 でも, 整数のときと同じようにできそうだ。

T 今日は□に小数が入ったときの計算を考えていきま
しょう。できた人は, 小数の3.6以外も入れて考え
てみよう。

C 9 5.4だってできそうだ。

　数字を□で隠して問題文を提示すると，子どもは「□には何が入るのですか？」「数字を書いてくれないと答えがわかりません」という反応をすることがあります。

　算数の授業では，単に答えが出せるようにするだけでなく，**既習とのつながりを意識させたり，問題の構造を理解させたりして，1つの問題が解けたら，別の数値や場面ではどうかと発展させられるようにしたい**ものです。

　本時では，□÷3という場面をつかむために，□に様々な数を当てはめさせています。3年生では九九の範囲であったわり算が，4年生では九九をこえる範囲の計算までできるようになっています。

　□で数を隠すことで，導入時に既習事項の定着を確認したり，本時の見通しを立てたりします。学級の実態によっては，□＝6や□＝18のような九九の場面や□＝51のような九九をこえた場面も扱い，筆算の方法まで丁寧に確認することで，小数の計算の大きな手立てとすることができます。そうした経験を導入で扱ったうえで，小数である3.6や5.4のような数値を提示すると，**既習と未習がはっきりし，本時の課題が明確になる**のです。

　また，「□にどんな数が入ったらできそうかな？」と投げかけたときに，わりきれない数値があがることもあります。そうした発言もどんどん取り上げ，黒板に記録するとよいでしょう。本時では扱えないかもしれませんが，次時で取り上げたり，自力解決の時間に早く終わった子どもに取り組ませたりすることもできます。

「えっ」の気持ち，
わかるかな？

(違和感への共感)

> ゼリーが14個あります。1人に3個ずつ分けると，何人に分けられるでしょう。

(3年「あまりのあるわり算」)

C1　わり算でできそうだよ。

C2　(えっ，でも…)

T　　できそうって言っている子もいるけれど，「えっ」って顔をしている子もいるよ。**「えっ」の気持ち，わかるかな？**

C3　うんうん，わかるよ！　わかる！

T　　「えっ」の気持ち，隣の人と話してみてよ。
　　　(ペアで疑問を話し合う)

C4　たぶん，今までは九九の計算で求められたけど，14は3の段にはないからだと思う。

C5　そうそう。三四12三五15…って考えて，どうやって計算するのか困ったんだと思う。

T　　じゃあ，今日は，「九九で答えが出ないときもわり算で考えられるかな？」が，みんなのめあてになるね。

疑問や問い，めあてとなる言葉は子どもから引き出した
いものですが，数名の子どもから発せられた発言を基に，
それを学級全体のめあてとするのは早過ぎます。

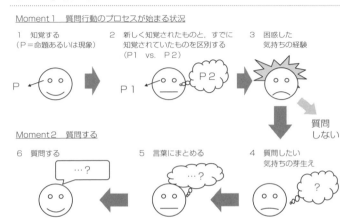

Moment 1　質問行動のプロセスが始まる状況

1　知覚する
（P＝命題あるいは現象）

2　新しく知覚されたものと，すでに
知覚されていたものを区別する
（P1　vs.　P2）

3　困惑した
気持ちの経験

質問
しない

Moment 2　質問する

6　質問する

5　言葉にまとめる

4　質問したい
気持ちの芽生え

…？

…？

※生田淳一・丸野俊一（2005）「教室での学習者の質問生成に関する研究の展
望」（九州大学心理学研究6，pp.37-48）

　質問行動のプロセスが始まる状況として，「2　新しく
知覚されたものと，すでに知覚されていたものを区別す
る」（既習との区別）の後，「3　困惑した気持ちの経験」
をもつことが質問につながるという研究があります。この
プロセスを踏まえると，**困惑した気持ちに共感する問いか
けは，少数の疑問を広げ全員の課題意識へと高めるカギ**で
あると言えます。

　また，既習と何が違うのかわかっていない子もいます。
何に違和感があるのか言語化する過程で既習との違いも表
出されます。

どっちが○○かな？

(解決の必要感)

あは半径30cmの円，いは半径15cmの円です。
どちらの面積が大きいでしょう。

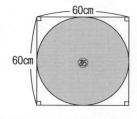

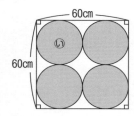

（6年「円の面積」）

T　あの円は1つですが，いは4つ円があります。さて，
どっちの面積が大きいかな？

C1　あの方が大きいと思う。

C2　確かに，あの方が見た目では大きく見える。

C3　いは一つひとつの円が小さいから，4つ合計しても
あの面積よりは小さくなると思う。

C4　でも，どちらの面積が大きいかは，計算してみない
とわからないよ。

T　では，それぞれの面積を出してみましょう。

　比べる活動を取り入れると，子どもは俄然やる気になります。そのためのキーワードが「どっちが〇〇かな？」という問いです。

比べる活動をすると，まず予想をしやすくなります。

「ぼくは〇〇の方が大きいと思う」

「私は△△の方がよいと思う」

といった具合です。

　自分の予想を立てることによって，その予想が正しいかどうかを調べたくなります。そうすると，問題解決をする必要感や，問題解決をしたときの考え方を整理する必要感が生まれます。

　この円の面積を比べる問題で言えば，「あの面積を求めなさい」→「いの４つの円の面積の合計を求めなさい」→「どっちの面積が大きいでしょうか」と順々に答えを出していっても，子どもはあまり必要感をもつことはないでしょう。

　そこで，「どっちの面積が大きいかな？」と問うことで，子どもにあといの面積を求めようとする気持ちを芽生えさせるのです。

　比べる活動は，主に図形の単元の導入で「仲間分け」と呼ばれる活動として行われることが多いですが，図形以外にも様々な単元で行うことができます。**２つの対象を見比べ，「どっちが〇〇かな？」と問うだけで，子どもの思考は一気に問題解決に向かいます。**

今までに勉強した方法で
解決できないかな？

（既習の日常場面への活用）

校舎の高さは何mでしょう。

直接測ることができない長さを求める方法を考えて
みましょう。

（6年「拡大図と縮図」）

T　木の高さなど，直接測れない長さを調べるにはどうす
　　ればいいのだろう。**今までに勉強した方法で解決でき**
　　ないかな？

C　拡大図と縮図が使えないかな。

C　比も使えるよ。

T　いいことに気がついたね。例えば，校舎から10m離れ
　　たところに立って，校舎の上端を見上げている様子を
　　図に表すと，直角三角形になるよ。見上げた角度を基
　　に，縮図をかいて，実際の高さを求めてみよう。

　これまでに学習してきた方法が，日常生活でも活用でき，問題解決に役立つという経験を多くさせたいものです。そのために有効なのが，「今までに勉強した方法で解決できないかな？」という問いです。

　日常生活の問題を解決するには，これまで身につけてきた知識・技能を十分に活用しなければなりません。時には，まだ解決できない壁に突き当たるかもしれませんが，解決できたときは，達成感とともに，実感を伴った深い理解を得ることができます。

　例のように，教室を飛び出し，校庭や体育館が学習の場になることも考えられるでしょう。学習の場を工夫することで，子どもたちの興味・関心を引き出し，協同的な学びにつなげることができます。**日常場面では「必要な条件は何だろう」「ここがわかれば解決できそうだけど…」と考えなければならないことがたくさんあり，協同的な学びが不可欠**です。

○○を想像してください

(日常場面の想起)

> お皿の上に,いちごが5つのっています。
> そこから,いちごを2つ食べました。
> 残りのいちごは,何個でしょう。

(1年「のこりはいくつ　ちがいはいくつ」)

T　みなさん,いちごは好きですか?

C　好きです!

T　いちごを食べたことがありますか?

C1　大好きだから,いつもたくさん食べます!

T　では,ここにいちごが5つありますよ。

ここから2つ食べることを想像してください。

C2　頭の中で食べました!

T　さて,残りはいくつになったかな?

　問題の文章を読んでも，なかなかその場面を想像することができない子どもがいます。算数の問題は，日常場面からつくられていることが多いので，基本的に子どもが想像しやすくなっているのですが，特に低学年においては，生活経験の個人差が大きく，問題場面を捉える力に差が生じがちです。

　ここでは，子どもの生活経験と問題場面をつなげる手立てとして，問題を一文ずつ丁寧に読み解きながら，

　「ここから2つ食べることを想像してください」

と投げかけています。

　つまり，**「○○を想像してください」と投げかけることで，子どもの生活経験を想起させ，問題場面を捉えやすくしている**のです。

　低学年に限らず，子どもの生活経験と問題場面をつなげることには効果があります。**特に，式を立てるときには効果的**です。

　学年が上がるにつれて，問題を読んでも何算になるのかわからなくなる子どもが増えていきます。そこで，子どもの生活経験と問題場面を丁寧につなぐと，

　「これは合わせているからたし算だな」

　「これは同じ数ずつ増やしているからかけ算だな」

などと，予想が立てやすくなるのです。

何のためにこの問題を
やるのだと思う？

（統合へのスタート）

> $\frac{3}{4} \div \frac{6}{5} \times \frac{1}{5}$ の計算の仕方を考えましょう。

（6年「分数のわり算」）

T　次は，$\frac{3}{4} \div \frac{6}{5} \times \frac{1}{5}$ の計算の仕方を考えてもらいます。

　　ところで，**何のためにこの問題をやるのだと思う？**

C1　今まではかけ算だけ，わり算だけの計算だったから，
　　かけ算とわり算が混ざった計算になったら，どうや
　　って計算するのかを考えるため。

T　そうだね。今までは，かけ算とわり算がどちらも出
　　てくる分数の計算はやっていなかったから，どんな
　　計算の仕方になるのか考えてみよう。

C2　それと，分数が3つ以上出てくるかけ算やわり算の
　　計算の仕方を考えるため。

T　確かに，今までは分数が2つしか出てきませんでし
　　たね。分数が3つ以上出てくる場合は，どんな計算
　　の仕方になるかも考えてみましょう。

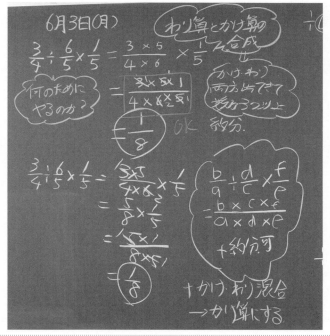

　教師が提示した問題をそのまま解くだけでは，子どもの
学びは問題の答えを出して終わりになってしまいます。

　そこで，

「何のためにこの問題をやるのだと思う？」

と問うことで，今までの学習との違いや，目の前の問題を
解くことを通して考えるべきことを意識させます。

　そうすると，ただ答えを出すのではなく，「何を考えな
ければいけないのか」という課題意識をもって問題を解決
するようになります。その結果，**汎用性のある新しい知識
を発見しやすくなる**わけです。

どのぐらいの○○か
わかるかな？

（問題構造のイメージ化）

> 1 mの重さが400 gの鉄の棒があります。
> この鉄の棒0.6mの重さは何 gでしょう。

（5年「小数のかけ算」）

T　1 mって，**どのぐらいの長さかわかるかな？**

C 1　（手を出して）このぐらいかな？

T　じゃあ，0.6mは**どのぐらいの長さかわかるかな？**

C 2　（手を出して）このぐらいだと思う。

T　ということは，0.6mと 1 mだと，どっちの鉄の棒
　　の方が重くなりそうですか？

C 3　1 mの方が重いよ。だって，「この鉄の棒」って書
　　いてあるんだから，同じ鉄の棒でしょ？　だったら，
　　長い方が重いに決まってるよ！

T　そうですよね。ということは，0.6mの鉄の棒の重
　　さは，400 gよりも重いのかな？　軽いのかな？

C 4　軽いです。

T　そうですよねぇ。さて，まずはどんな式になるのか
　　考えてみてください。軽くなるんだからわり算か
　　な？　ひき算かな？　それともかけ算かな？

　文章問題に苦手意識をもつ子どもは少なくありません。では，文章問題が解けない原因は何なのでしょうか。

　様々な原因が考えられますが，その1つに**「問題の構造をイメージできない」**ということがあります。その結果，問題に書かれている数を適当に組み合わせて計算してしまうのです。

　こういった子どもを増やさないために，問題の構造をイメージ化し，共有することから始めます。この例では，「どのぐらいの長さかわかるかな？」「どっちの鉄の棒の方が重くなりそうですか？」と尋ねながら問題の構造をイメージさせ，子ども自身に表現させています。こうして，「長さと重さは比例していそうだな」と感じるだけで，たし算やひき算をする子どもは減るでしょう。間違ったとしても，問題の構造がイメージできていれば，友だちの説明を聞いたときに理解しやすくなります。

　「わかっていること」「問われていること」を言葉や数でまとめるだけでは，問題の構造はイメージできません。「それではテストのときに自分で解けなくなってしまう」と思う方もいるかもしれません。確かに，テストのときには自分で問題の構造を読み解く必要があるでしょう。しかし，最初から子ども1人で考えさせてもできるようにはなりません。**みんなで何度も問題の構造をイメージすることで，「文章問題というのは，こうやって整理すればいいんだな」と慣れさせていくのです。**

どのくらいの○○に なりそうかな？

(答えの見積もり)

> A市の人口は241034人，B市の人口は327561人です。A市とB市が合併すると，人口はおよそ何万人になるでしょう。

(4年「がい数の使い方と表し方」)

T どのくらいの人口になりそうかな？

C1 筆算をしたら簡単だけど…

C2 だいたいでいいなら，A市は約24万，B市は33万か32万ってすれば，暗算でもできるよ。

C3 24＋33＝57だから，約57万人です。

C4 ぼくは，A市は約25万，B市は33万って考えたから，58万人になったよ。

C5 計算してから約何万ってやったらダメですか？
241034＋327561＝568595
だから，57万の方が近いね。

T A市やB市に近い数字で計算する場合とA市＋B市を計算したあと，約何万人とみる場合があるようだけど，どうやって近い数を決めていったらいいのかな？

　算数の学習では，正確さを求められることが多いので，**約○○やおよそ○○という見方に不慣れな子どもが少なくありません。**指導にあたっては，具体的な詳しい数値の計算結果だけでなく，「どのぐらいの○○になりそうかな？」と投げかけ，答えを見積もることのよさを味わわせたいものです。

　4年生の「折れ線グラフと表」では，グラフ用紙を用いて，表やグラフをかく活動があります。例えば，「下の表をグラフに表しましょう」という問題に取り組むとします。

	A市	B市	C市	D市
人口（人）	241034	327561	396807	281053

　どうしたら，この大きな数を小さなグラフ用紙に収めることができるかが問題となります。そのとき，人口が多いC市を約40万と見て，グラフの上限を40万と設定するのです。このように，単に四捨五入等の技能の習熟を図るのではなく，**目的に応じて概数や答えの見積もりを行い，そのよさを味わわせることが大切**です。

　また，答えの見積もりは，概数の単元だけで行うものではありません。例えば，小数のわり算で，1.8÷2.4＝7.5と答える子どもがいますが，こういった間違いを防ぐために，計算結果（答え）の見積もりをすることは非常に大切です。そのためにも，「どのくらいの○○になりそうかな？」という問いを教師は常に意識しておきたいものです。

問題を解くために，どんなことが知りたい？

（情報，数理の発見）

> 遊園地でジェットコースターに並んでいます。
> 次で乗れるでしょうか。

（2年「かけ算(1)」）

T （絵を提示して）

次で乗れるかな？

C1 それだけじゃわからないよ。

T **問題を解くために，どんなことが知りたい？**

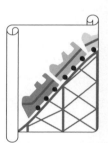

C2 1台に何人乗れるか。

C3 ジェットコースターが何台か。

C4 待っている人数も必要じゃない？

T どうしてそれが必要だと思う？ お話ししてごらん。

（ペアで話し合う）

C5 何人乗りが何台あるかわかれば，計算でできるよ。

T なるほど。例えば？

C6 4人乗りが3台なら，4＋4＋4＝12

C7 あと，待っている人数がわかれば，次で乗れるかわかるね。

　問題を提示する際に，条件不足にする工夫があります。それは，問題場面や日常事象から必要な数の意味や条件を見いださせ，算数の世界で考えるプロセスへと導くきっかけにするためです。

　しかし，毎回条件不足で問題を提示していると時間が足りなくなるので，**単元の中で何に着目させたいのかを明らかにし，特に単元の導入で子どもからその視点を引き出し，意識させることが大切**です。

　かけ算(1)では，（１つ分の数）×（いくつ分）＝（全体）とかけ算の式で表すことを学習します。この問題では，挿絵の通り，１台分に乗れる数と何台あるかをそれぞれ見いださないと，１回で何人乗れるかがわかりません。遊園地の乗り物待ちという日常事象から，必要な情報，数理を見いだすことに重点を置いています。その後，１人分の数，いくつ分の数を基に，かけ算の式に表すことを教えていきます。

　条件不足の問題でも，子どもたちから，

　「…ってどうなの？」

　「…だったら」

と次第に話すようになるので，子どもが必要だと感じたときにその情報を提示できるとよいでしょう。そうなるまでは「問題を解くために，どんなことが知りたい？」というキーフレーズを使うことで，**子どもから問題に働きかける力**をはぐくみます。

今までに勉強した
どんなことが使えそうかな？

(既習の想起)

7の段の九九をつくりましょう。

(2年「かけ算(2)」)

T　今日は7の段の九九をつくります。**今までに勉強し
たどんなことが使えそうかな？**

C1　かけ算は, たし算でできるよ。

C2　7の段だから, 7ずつ増えます。

C3　6×2と2×6は答えが同じきまりを使えばいいよ。

C4　「ひっくりかえる」だね。ぴょんぴょん（交換法則）。

C5　6の段は, 2の段と4の段を合わせてできたから,
7の段でもできるかやってみようと思います。

T　みんな6の段までに使えたきまりを使って考えよう
としているんだね。7の段でもきまりが使えるか,
理由を考えるときは**どんなことが使えそうかな？**

C6　図をかいてみるとわかるよね。

T　どの考え方でやってみるか決めたかな？　たし算で
考えようと思う人？　ひっくりかえるを使う人？

　自力解決の前に解決の計画を立て，方法や考え方の見通しをもたせます。この例では，既習事項と比べながら何かしらの方法で全員に７の段の九九をつくってほしいと考え，丁寧に解決方法の見通しを共有しています（一人ひとりが自力解決できそうなときは無理に見通しを共有する必要はありません）。

　７の段を既習のきまりを使って考え，きまりが本当に使えているのか，図で確かめることを引き出しました。さらに，方法がいくつかあがったときに，どの方法でやろうとしているのかを聞き，一人ひとりが自力解決に入れるようにしています。

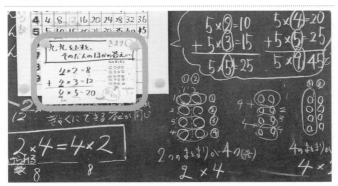

　授業で見つけたきまりを画用紙などにまとめることで，自力解決に行き詰まったとき，子どもたちが既習事項を確かめる手立てになります。また，Ｃ４のように，**学級で合言葉をつくったり，見つけた友だちの名前を使ったりする手立てもよいでしょう。**

何算になりそうかな？

（立式の根拠）

> みかんが15個あります。
> 何個か買ってきたので，全部で32個になりました。
> 買ってきたみかんは何個でしょう。

（2年「たし算とひき算」）

T　何算になりそうかな？

C1　「全部で」だから，たし算かな？

C2　えっ，ひき算だと思うよ。

C3　どうしてひき算なの？

T　今の時点でたし算だと思う人は手を「グー」に，ひき算だと思う人は手を「パー」にしましょう。
（子どもは挙手する）
たし算と考えた人もひき算と考えた人もいるようですね。

C4　理由も言えます！

T　それでは，今日は理由も一緒に答えられるように，この場面を図に表したり，式に表したりしながら，どんな計算になるか考えていきましょう。

「何算になりそうかな？」という問いは，たし算，ひき算，かけ算，わり算の漠然としたイメージを問う発問です。ここで注意したいのは，**「全部で」「合わせて」「残り」「違い」といった言葉だけに頼ってしまう場合がある**ことです。

　そこで，文章問題を解く際，低学年のうちから，どの場面であれば何算になるのかということを，**言葉だけでなく，操作や図などを通して理解させていきましょう。**

　下の問題はどれも同じテープ図に表せます。全体と部分に注目して図に表すことで，たし算なのかひき算なのか立式の根拠を明確にしていくことが大切です。

チョコが50①個あります。20②個食べました。

残りは30③個です。

---

①を□とする問題

　チョコがいくつかあります。20個食べたので，残りが30個になりました。はじめにいくつありましたか。

②を□とする問題

　チョコが50個あります。いくつか食べたので，残りが30個になりました。いくつ食べましたか。

③を□とする問題

　チョコが50個あります。20個食べました。残りはいくつでしょうか。

まだ時間がほしい人は
いますか？

（進捗状況の把握）

ミルクティーを，牛乳と紅茶の割合が2：5の割合
になるようにつくろうと思います。ミルクティーを
1400mLつくるとき，紅茶は何mL必要でしょう。

（6年「比」）

（自力解決中）

T　そろそろできた人も多くなってきましたが，**まだ時
　　間がほしい人はいますか？**

C1　はい。

C2　ぼくも，もう少し時間がほしいです。

T　では，できたら教えてくださいね。もう解けた人は，
　　隣の人と話して，お互いの考え方を確認したり，自
　　分の考えを説明したりして，みんなに説明する準備
　　をしてください。

C1　先生できました！

C2　ぼくはできなかったなぁ…。

T　できなくても大丈夫だよ。では，みんなで考えてみ
　　よう。

算数の授業では，各自が問題を考える時間が必要です。しかし，教師が想定している時間内に子どもが問題を解決できるとは限りません。もし，想定している時間内に問題を解決できていない子どもがいた場合は，「まだ時間がほしい人いますか？」と声をかけるのも１つの手段です。

　この声かけをして「もうちょっと時間をください」と言える子どもは，解決までたどり着きそうだと感じている子どもです。

　一方，「もうちょっと時間をください」と言えない子どもは，解決の手がかりがつかめていなかったり，やろうとしていることに自信がもてなかったりする子どもです。そういう子どもが多い場合，**いつまでも待たせてしまうと，辛い思いをする子が多くなってしまいます。**ですから，「もうちょっと時間をください」と言う子が少なかった場合は，みんなで解決する時間に移り，そこで理解を促すようにしていくとよいでしょう。

　また，「まだ時間がほしい人いますか？」という声かけは，少し集中が切れてしまっている子どもに，気持ちを切り替えさせるきっかけにもなります。解決方法がわからなくなってしまい，問題解決に気持ちが向かわなくなってしまう子どももいます。そんなとき，**「○○君，あとどのぐらいでできそう？」**と声をかけるだけで，意識が問題解決に向かいます。

手を使って表せる？

(解き方のイメージ化)

紙や紙テープ，ピザを同じ大きさずつに分けます。

□つに分けた1つ分はどれだけの大きさでしょう。

(2年「分数」)

T 　□の中にどんな数が入ったらできそうかな？

C1 　□＝2なら，紙テープの2分の1の長さです。

T 　**手を使って表せる？**

C2 　半分にパタンと折れるよ。

C3 　□＝4なら，紙テープの4分の1の長さです。
　　　もとの紙テープの半分の半分です。

T 　半分の半分って，**手を使って表せる？**

C4 　紙テープを2回折るから，さっきのさらに半分です。

C5 　さらに折ったら8分の1もできます。

C6 　□に3が入ったら3分の1もできるかもしれない。

T 　ピザの3分の1って**手を使って表せる？**

「手を使って表せる？」と問うことにより，具体的な長さや大きさをつかませたり，操作などの変化をイメージさせたりすることができます。特に，見通しの段階においては，**答えとなる量の見積もりや問題解決の方法を全体で共有することができるので，問題に取り組みやすくなります。**

また，全体検討の場面でも，手を使って表したことを黒板の前や書画カメラ等で見せることで，問題解決のプロセスを追いながら共有することができます。

2年生の分数では，様々な量を同じ大きさに分ける経験をさせます。この例のように，連続量である紙テープやピザのような円，折り紙の正方形を分けたり，分離量である12個のおまんじゅうを分けたりします。

新しく指導することになった3分の1は，分離量の方が比較的理解させやすいでしょう。しかし，「12個の3分の1や15個の3分の1ならできる」と理解を狭めてしまう恐れもあります。ピザやケーキのような円の形であればどんな円でも中心から3等分に切れますし，紙テープも布団を3つ折りするように，同じ長さに折れることはイメージできます。「○○の3分の1はできる？」という発問から「○○の3分の1はある？」へと発問を発展させながら，抽象的な分数という数の理解をさらに深めさせていくのです。

そのとき，**「全部同じ大きさに分けられたかな？」**や**「分けた1つ分を並べたらもとに戻るかな？」**というように，意味に戻って確かめさせていきます。

今までの○○との
違いは何かな？

(既習との違い)

$\dfrac{1}{2}$ L のジュースと$\dfrac{1}{5}$ L のジュースをあわせると，

何 L になるでしょう。

(5年「分数のたし算とひき算」)

T　式はどうなるかな？

C1　$\dfrac{1}{2}+\dfrac{1}{5}$になります。

T　**今までの分数のたし算との違いは何かな？**

C2　今までは，分母が同じ数でした。例えば，$\dfrac{2}{7}+\dfrac{3}{7}$

　　とか。でも，今回は分母が2と5で違います。

C3　できるかなぁ？

T　みんなは何に困っているの？

C4　分母の数が違うことです。

T　そうだよね。今日は，分母の数が違うたし算の仕方
　　について考えてみよう。

C5　分母が同じ数の分数のたし算ならできるけどなぁ。

T　そうですよね。前に学習したことを使って，分母の
　　数が違う分数のたし算の仕方を考えてみよう。

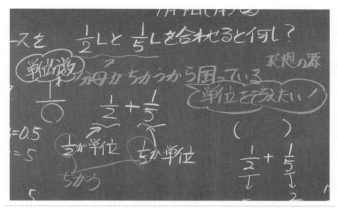

　今までの学習との違いを考えると，学習課題が生まれやすくなります。なぜなら，**違いがわかると「何が新しいことなのか」「何ができないことなのか」ということも同時に考えるようになるから**です。

　異分母分数のたし算であれば，「今までの分数のたし算は分母の数が同じだったけれど，今日の分数のたし算は分母の数が違う」という違いが明確になれば，「分母の違う分数のたし算の計算の仕方を考えよう」という課題が明確になり，多くの子どもが課題意識をもって問題解決を行うことができます。

　また，今までの学習との違いを考えることによって，過去の学習とのつながりを意識するようになります。その結果，「今までのどんな学習が使えそうか」ということを考えたり，授業の最後に，今までの学習との共通点や相違点について考えたりしやすくなるのです。

016

ヒントだけ言えない？

(着眼点の共有)

> 面積が12cm²の長方形のたての長さを x cm，横の長さを y cmとするとき，x が変わると y はどのように変わるか調べましょう。

(6年「比例・反比例」)

C1 表にして調べてみました。

たての長さ x (cm)	1	2	3	4	5	…
横の長さ y (cm)	12	6	4	3	2.4	…

今まで比例を学習してきたから，比例になるかと思ったんだけど，なりませんでした。

C2 わかった！

T C2君はわかったようですね。C2君，**ヒントだけ言えない？**

C2 表をたてに見るとわかるよ。

C3 あっ，x と y をかけるといつも12になってる！

C4 横に見ていってもきまりがあるよ！

T C4さんも，**ヒントだけ言えない？**

C4 例えば，x が1，y が12からそれぞれ何倍になっているか考えてみるといいです。

　問題を解決できた子どもに全部説明させてしまうと，聞いている子どもには学びがありません。少なくとも，**友だちの説明を聞いて理解するためには，聞いている子どもにも自分なりの考えをもたせる必要があります。**

　そこで，問題を解決できた子どもに，

「ヒントだけ言えない？」

と投げかけるのです。

　ヒントを聞けば，どこに着目して考えればよいのかわかるので，自分で新しいことを発見したり，問題解決ができたりする子どもが増えていきます。

　友だちのヒントを聞くことで，考えるための着眼点がわかると，他のことにも目が向かいます。この例で言えば，最初は表をたてに見て x と y の関係を考えていましたが，**「たてに見る」というヒントを聞くことで，「じゃあ，横に見たら」と発展的に考えやすくなる**ということです。

　算数の授業では，問題を解決できる子どもとそうでない子どもが必ずいます。しかし，解決できた子どもばかりが活躍する授業をしていては，解決できなかった子はますます算数に苦手意識をもってしまいます。

　ですから，「自分で考えることができた！」という感覚を少しでも子どもに味わわせることで自信をつけさせ，学習への意識を前向きにしていくことが大切です。

017

他にも解き方があるかな？

（考え方の多様性の承認）

台形の面積の求め方を
考えましょう。

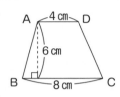

A 4 cm D
6 cm
B 8 cm C

（5年「四角形と三角形の面積」）

C 半分に切ってつなげました。

$(\underline{4 + 8}) \times (\underline{6 \div 2}) = 36$
　底辺　　　×　　高さ

C 私は三角形2つに分けました。
式は，$4 \times 6 \div 2 + 8 \times 6 \div 2 = 36$です。

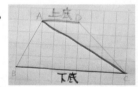

T <u>他にも解き方があるかな？</u>

C 同じ台形を組み合わせると，
平行四辺形になります。だか
ら底辺は4＋8になり，高さ
は6cmのままなので，2でわればもとに戻ります。

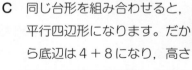

T どんな台形も2つ組み合わせると，底辺は（上底＋下底）の平行四辺形になりそうですね。

「他にも解き方がありますか？」

という発問によって，単にいろいろな考えの発表ができればよいのではありません。**既習の方法や考え方を結びつけながら，未知の問題をよりよい方法，一般的に使える方法で解決していける力を身につけさせていくことが重要**です。

この問題では，台形の面積の求め方を，既習である三角形や平行四辺形の面積の求め方やそのとき有効であった考え方などを生かして工夫させ，台形の求積公式を導き出させます。

「他にも解き方がありますか？」の問いに対して出された合同な図形を組み合わせる方法（倍積変形）については，三角形の求積でも役立った方法であり，同じ台形を２つ組み合わせれば平行四辺形になるので，既習である求積公式が使えました。

この他に，図形のまわりを長方形で囲む方法も出されました。しかし，高さが底辺の外にできる三角形ではうまく活用できませんでした。そして，下の図のような台形では，やはりこの方法がうまくいかないことがわかります。

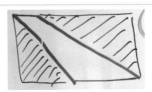

このように，**これまでうまくいった方法が，どんな場面でもうまくいくのかということを検討することも重要**なのです。

最初に答えだけ教えて

（考え方への着目）

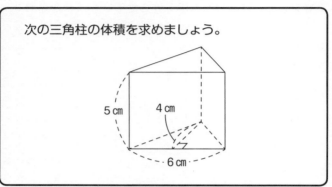

次の三角柱の体積を求めましょう。

5 cm
4 cm
6 cm

（6年「角柱と円柱の体積」）

T　みんな答えが出たようなので，どうやって考えたの
　　か話し合いましょう。
　　最初に答えだけ教えて。
C1　はい！　60cm³になりました。
C2　私も同じです。
T　他に違う答えはありますか？
C　同じです。
T　ないようですね。では，どうやって60cm³を出した
　　のか聞いてみましょう。

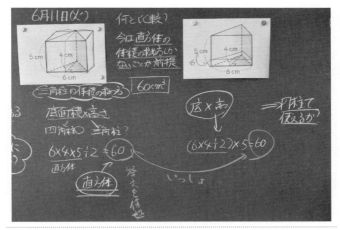

　最初に答えをみんなで確認することで、話し合いの焦点
を考え方に合わせることができます。

　もっと根本的なことを言えば、最初に答えを聞くことで、
「算数は答えではなく、考え方が大切だ」という価値観を
伝えることにもなります。言い換えると、**「授業の多くの
時間を答え合わせには使わないよ」というメッセージを送
る**ということです。

　もちろん、答えが正しくない場合もありますが、それは
それでよいのです。答えが違うのであれば、「どの答えが
正しいのか」ということで話し合いは活性化されますし、
どの答えが正しいのかを証明するために、根拠ある考え方
を説明する必要性も出てきます。

　大事なのは、最初に答えを聞くことで、考え方を重視し
た授業にするという認識を子どもと共有することです。

019

式だけ言って
もらえますか？

(考え方の共有)

右のような形の面積を求め
ましょう。

(4年「面積のはかり方と表し方」)

T　どうすれば，L字型の面積を求めることができるか
　　な。

C1　横に線を引いて，2×4＋2
　　×8で，24cm²になりました。

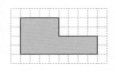

C2　私は違うところに線を引きま
　　した。

T　待って，C2さんは，**式だけ言ってもらえますか？**

C2　(4＋2)×4です。

C3　4＋2って何だろう。

C4　線を引いて動かしたんじゃないかな？

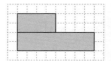

C5　なるほど，たてが(4＋2)
　　で横が4だから(4＋2)×
　　4なんだね。

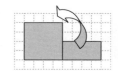

T　式だけ見ても，どう考えたか
　　わかるんだね。

　式を用いる活動には，「式に表す」「式を読む」「式の形式的処理」があります。中でも，「式を読む」活動は，国語で言うところの「叙述から気持ちを読み取る」活動であり，特に重点を置きたいところです。

　「式だけ言ってもらえますか？」という発問は，**事象を式化した子どもの考えを全員で読み解くことを促す発問**です。この例では，Ｌ字型の面積を補助線を入れたり，移動したりしながら，既習の正方形や長方形の求積公式に帰着させ，問題を解決しています。そして，式を読む活動を通して，どこに補助線を入れ，どのように移動しているのかと，発表した子ども以外の子が説明したり，考えたりする時間を確保しているのです。このような活動を通して，式は算数における言語であり，日本語を使わなくても，式や式変形で自分の考えを伝えることができることのよさを味わわせていきます。

　なお，今回はＬ字型の図形の面積を求めるために，式化しましたが，様々な式から，元の図を想像させることもできます。例えば，先の問題は $4 \times 8 - 2 \times 4 = 24$ という式でも面積が求められますが，

　「このような式で求められる面積は，他にもありませんか？」

と問うとどうでしょうか。Ｌ字型以外にも，例えば右のような図形など，様々な場合が考えられることがわかります。

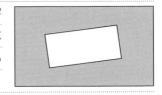

同時に貼ってみるよ

（比較の意識）

公園で１年生が５人遊んでいます。
そこへ１年生が13人，２年生が７人来ました。
公園には，みんなで何人いるでしょう。

（２年 「計算のくふう」）

T　いろいろな式がありました。**同時に貼ってみるよ。**

①５＋13＋７＝25

②５＋13＝18 18＋７＝25

C1　あ～そんな式があるの！

C2　どういうこと…？

③13＋７＝20 ５＋20＝25

T　比べてみてどうですか？

C3　①の式は１つだけど，②～③は２つの式です。

C4　②の式は，前からたしているんだね。

C5　そうとも言えるけど，まず１年生を計算しているん
　　じゃない？　それで，２年生は後からたしてる。

C6　そうそう。③は後から来た人を先にたしてるんだよ。

T　②も③も式に意味がありますね。（　）を使うと，
　　②③を１つの式で表すことができます。

　問題解決や考えるプロセスを重視すると，１人の子が考えを発表し，それを受けてつけ足したり質問したりして，練り上げていきたいものです。一方，同時に考えを出すことが有効な場合があります。それは，**比較することで，意味や考え方がより明らかになるとき**です。

　本時では，式を読み，①と②，①と③を関連づけることで，（　）の結合法則のきまりを学ぶ場面です。キーフレーズとともに，②と③を同時に出すことで，意味を比べながら式を読みます。

　教師が指名した子どもに発表ボードや画用紙に考えを書かせ，黒板に順番に貼っていくことがよくありますが，何のために発表ボードや画用紙に書かせるのでしょうか。その目的や意味をよく考える必要があります。

　例えば，発表ボードや画用紙に書くと，後から黒板上で並べ替えることが可能で，考え方を整理して比べられるというメリットがあります。下の写真の事例では，つまみぐいした数を考え，複数の式が出ました。出た式を書いた画用紙を整理することで，子どもたちは変化に目をつけていきます。

わり算のあまりの数の変化を見いだす場面（３年）

この式の意味,
わかるかな?

(式の意味の共有)

下のように,正方形に並んでいる○があります。正方形の1辺の○の数を x,全部の○の数を y とするとき,x と y の関係を式で表しましょう。

○　○　…　○　○

○　　　　　　○

⋮　　　　　　⋮

○　　　　　　○

○　○　…　○　○

(6年「文字と式」)

C1 ぼくは,$x × 4 - 1 × 4 = y$ という式にしました。

T <u>この式の意味,わかるかな?</u>

C2 正方形で,1辺の○の数が x だから,$x × 4$ で全部の○の数が出そうだけれど,それだと4隅の○が重なってしまっているので,ひかなければいけません。その分が $1 × 4$ です。

C1 合ってます!

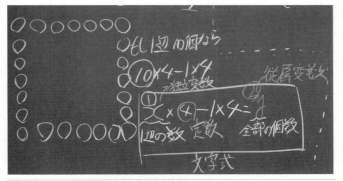

　式というのは，途中の計算一つひとつに意味があります。ですから，算数の授業は，答えを出したら終わり，ではないのです。むしろ，一つひとつの計算が何を表しているのかを考え，それを共有することにこそ重点が置かれるべきです。

　例示した式であれば，$x \times 4$や1×4が何を表しているのかを考えることで，$x \times 4 - 1 \times 4 = y$という式を立てた子どもの考え方が明らかになります。

　算数において，式というのは考え方を表現するための1つの方法です。ですから，友だちが考えた式を読むことによって，お互いの考え方を理解し合うことができます。これは，**一人ひとりの考え方を尊重し合う態度をはぐくむことにもつながる活動**で，授業だけでなく，学級経営として考えたときにも大切にしていきたい姿勢です。

022

今の説明が，図のどの部分の
ことかわかるかな？

（言葉と図の関連づけ）

1mで$\frac{4}{5}$kgの棒があります。この棒$\frac{2}{3}$mの重さは何
kgでしょう。

（6年「分数のかけ算」）

C1 数直線をかくと，$\frac{4}{5} \times \frac{2}{3}$という式になるのはわかる
けれど，そのまま計算できないなぁ。

C2 私は，$\frac{4}{5} \div 3 \times 2$をすれば，□が出ると思います。

T **今の説明が，数直線のどの部分のことかわかるか
な？**

C3 まず$\frac{4}{5} \div 3$で$\frac{1}{3}$m分の重さ$\frac{4}{15}$kgを出します。次の×
2は，$\frac{2}{3}$mが$\frac{1}{3}$mの2倍だから，$\frac{4}{15}$kgを2倍して$\frac{2}{3}$
mの重さを出しています。

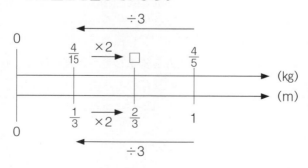

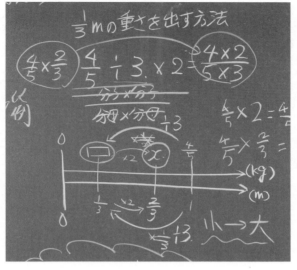

　問題を解決できた子どもの説明を聞いただけでは，理解できない子どもはたくさんいます。したがって，解き方の途中で何をしているのかを明らかにしていく必要があるのです。そのとき，図を使って説明をすることで，聞いている子どもは理解しやすくなります。図は解き方を視覚的に表現することができるからです。解き方を説明したときに使った言葉が何を意味しているのか，一つひとつ図と照らし合わせることで，「何をしているのか」ということを具体化することができます。

　また，「今の説明が，図のどの部分のことかわかるかな？」と投げかけ，問題を解決した子どもではなく，**説明を聞いていた子どもに図を使って考えさせると，多くの子どもに考え方を広げていくことができます。**

今の説明が，式のどの部分のことかわかるかな？

（言葉と式の関連づけ）

150円のパンと200円のおかしを買って，500円出しました。おつりはいくらでしょうか。1つの式に表して，答えを求めましょう。

（4年「計算のきまり」）

- **C1** 私は，500−（150＋200）という式を書いて計算しました。
- **T** この式の意味を教えてくれるかな？
- **C1** これは，まず買った代金を計算してから，次に500円から代金をひいたという意味です。
- **T** <u>今のC1さんの説明が，式のどの部分のことかわかるかな？</u> まず買った代金を計算したのは，どの部分でしょうか？
- **C2** （150＋200）の部分だと思います。
- **C3** そうそう。それで，代金が350円とわかるから，次に500−350をひけば，150円っておつりが出てくる。

　前項は言葉と図を結びつけるためのキーフレーズでしたが，このキーフレーズは，言葉と式を結びつけるためのものです。

　式は考え方を伝えるための重要な役割を果たしますが，言葉と式を結びつけることで，聞いているみんなが理解しやすくなります。

　算数の学習においては，**言葉，図（表やグラフ），式の3つを使って考えたり，説明したりすることが重要**です。

　問題場面によって，それぞれの重要性は異なりますが，どれか1つだけを使うよりも，3つをお互いに補いながら使っていくと，考えたり，説明したりしやすくなります。

　下の図のようなイメージをもって授業を進めていくと，多くの子どもが理解しやすい授業になります。

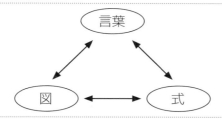

　授業では，言葉で正しく説明できれば伝わっていると考えてしまいがちですが，**話し言葉は目に見えるものではないので，言葉で説明したことを，図や式と結びつけながら，具体化していくことが大切**です。

　この例においても，図があるとさらによいでしょう。例えば，500円，150円，200円の掲示物を用意しておけば，図と式も結びつきます。

別の表現でもできたね

（多様な表現方法の価値づけ）

A，B，Cの場所を順番にすべて回るとき，何通りの回り方があるでしょう。

（6年「並べ方と組み合わせ方」）

T　A，B，Cの3つの回り方は，何通りありますか？

C1　最初にどこに行くかを考えると，その後は2パターンあります。だから，最初にAのときで2パターン，Bのときでも2パターン，Cのときで2パターン。合わせて6通りです。

C2　図で表すとこんな感じ。

①　②　③　　　①　②　③　　　①　②　③
A−B−C　　　B−A−C　　　C−A−B
A−C−B　　　B−C−A　　　C−B—A

C3　式だと，2×3＝6です。

T　図や式など，**別の表現でもできたね**。

C4　ぼくも式だけど，3×2×1＝6とやったよ。

C5　どうして3つのかけ算なの？

T　3×2×1＝6という式からどう考えたか考えてみましょう。

　算数の学習では，言葉による表現とともに，図，式，表，グラフといった数学的な表現を用いることに特色があります。このような多様な表現を問題解決に生かしたり，思考の過程や結果を表現して説明したりする態度をはぐくむために，**「別の表現でもできたね」と日常の授業の中で折に触れて教師が子どもたちに語りかけ，価値づけていくことが大切**です。

　中でも式は，「数学の言語」とも言われるように，日常の事象における数量やその関係等を簡潔かつ一般的に表すことができる優れた表現方法です。

　式の指導においては，具体的な場面に対応させて事柄や関係を表すことができるようにするとともに，式を読んだり，式で処理したり考えたり，式変形の過程などを他人に説明したりすることが大切であり，特に，式の表す意味を読み取る指導に重点を置きたいところです。

　この授業では，樹形図を２×３と捉える見方もあれば，３×２×１のような見方もあり，そのことを言葉や図と関連づけていきます。

　また，場所を１つ増やして，Ａ，Ｂ，Ｃ，Ｄとし，「４つの場所の行き方は何通りあるか」と問題を発展させるときも，これまでの図や式のどこを変化させればよいか，どこが変わったかなど，多様な考えのそれぞれについて検討を重ねていくことが重要になります。

025

先生は反対だな

（意見の活性化）

次の図形をバランスのよい形と，そうでない形の２
つに分けましょう。

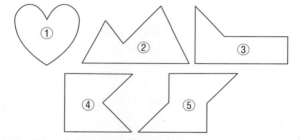

（6年「対称な図形」）

T　さて，①〜④までは，①と④がバランスのよい形で，
②と③がそうでない形ということでした。では，最
後に⑤の形ですが，この形はどちらでしょうか？

C1　これはバランスがよい形だと思います！

C2　私もそう思います！

T　そっか，みんな⑤がバランスのよい形と言うけど，
先生は反対だな。①と④とは違う感じがするもん！

C3　いやいや，①と④と同じで，合同な形が２つつなが
ってできているから，バランスのよい形だよ！

　算数の授業において，「なぜそうなるの？」と問い，根拠を明らかにすることは大切です。しかし，それでは意見が活性化されないときがあります。

　そんな，**みんなが「それは当然でしょ」と思っているときは，教師が反論してみましょう。**それだけで，子どもは説明したくなります。「先生は反対だな」と，子どもが当然だと思っている意見と反対の立場を取るだけで，「だって，○○でしょ！」と，言い返したくなるのです。

　言い返すためには，ちゃんとした理由が必要になります。まさに論理的に考えなければならなくなるのです。この例であれば，①と④と同じ仲間に⑤を入れるかどうかの理由を話さなければならないということです。①と④は線対称な図形です。左右，もしくは，上下に合同な図形がつながっているという共通点があります。そこに⑤を提示すると，合同な図形が２つ見えるので，①と④と同じ仲間と考える子どもが多いのです。しかし，２つの合同な図形のつながり方が①と④とは違います。点対称な図形ですから，180°回転させてつなげているわけです。そのまま「バランスのよい形ですね」と言ってしまうと，子どもは立ち止まりませんが，「先生は反対だな」と言うことで，その違いにも目を向けるようになるのです。

　当然だと考えていることの中にこそ，見落とされている大事なことがあります。だからこそ，あえて教師が子どもと反対の立場を取ることで，子どもに自分の考えを見直す機会を与えることも時には必要です。

算数の言葉で説明できているね

（用語による表現の価値づけ）

> クラスに本が25冊ありました。新しい本を何冊か買いました。本は全部で40冊になりました。

（3年「□を使った式」）

C1 25＋□＝40

T どうしてその式と言えますか？

C2 新しく買った本は何冊かわからないから□冊にする。

C3 はじめにあった本＋買った本＝全部の本

C4 図にするとこうなるね。

C5 全体と部分に注目すると…

T お～いいね。**算数の言葉で説明できているね**。C5さんの全体と部分に意識してもう一度聞いてみて。

はじめ 25さつ ／ 買った □さつ
全部 40さつ

C5 部分と部分をたすと，全体でしょ。25＋□＝40だと言えると思います。

C6 部分を求めるのはひき算だよね。全体が40だから，40－25＝15だね。

T たし算の式も，ひき算の式も，どちらもこの場面を表していますね。□を使うとお話通りに，場面を式で表すことができます。

　子どもたち一人ひとりが数学的な見方・考え方を働かせられるようにするには，学習した算数の用語を意識的に使わせていくことが大切です。用語で適切に表現すると，着眼点や考え方が焦点化されるからです。

　事例のC5のように算数の用語を適切に使っている発言を教師が拾い，価値づけます。そして，その着眼点を意識して再度説明をさせ，まわりの子どもに聞かせます。このように，**話し手にも聞き手にも算数の用語を使う意識を高めていくことが必要**です。

　本単元は，数量の関係を表す式について考えることがねらいです。加減であれば全体と部分，乗除であれば（1つ分の数）・（いくつ分）・（全体），（単位量）・（倍）などに着目することで，場面や数量の関係を明らかにしていくことができます。

　単元や本時の目標を明らかにすることで，どんな言葉を使わせたいかがはっきりします。既習のどんな知識・技能が使えるのか，教科書のまとめの言葉だけでなく，**授業で生まれた考え方からネーミングしたフレーズなども，共通言語として使っていくとよいでしょう**。

　算数は言語教科であると言われます。そのため，「式は算数の言語」という認識を子どもたちにもたせることが大切です。式は答えを求めるためだけに書くのではなく，考えた過程を表現するもの，数量の関係を表現するものという認識を高めていきましょう。

こんな考え方もあるけれど, わかるかな？

(発想の手がかり)

色をぬったところの長さを, 分数で表しましょう。

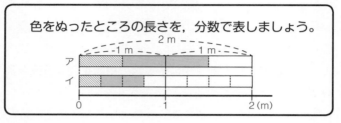

(3年「分数」)

T　アは何mと言えますか？

C1　アは $\frac{3}{4}$ mです。

C2　えっ？　それは2mを4等分した3つ分だから $\frac{3}{4}$ だけど, $\frac{3}{4}$ mではないと思う。

C3　そうだよ, $\frac{3}{4}$ mはイだと思うけどな。
（納得いく説明の糸口が見いだせないでいる）

T　**こんな考え方も
あるけれど, わ
かるかな？** (1
mを強調して囲
む)

C1　そっか。1mを2つに分けた1つ分を $\frac{1}{2}$ mと言ったから, その3つ分で $\frac{3}{2}$ mになるんだね。

C4　もとの大きさや1mに注目するといいんだね。

　授業のねらいや算数の本質に迫るために投げかけるべき問いがあり，子どもから引き出したい反応があります。その中で，Ａを理解させようとするとき，non Ａとの対比によって，よりＡの意味が明確になっていきます。

　また，考え方を比較することは検討場面の基本ですが，子どもの反応が正答ばかりで対比すべき考え（誤答）が出ない，多様な考えは出てきたけれど本質に迫るために必要な考えが出ない，子どもの考えが行き詰まってしまった，といったときは，教師の出番です。「こんな考え方もあるけれど，わかるかな？」というキーフレーズを使って，**子どもたちに必ず触れさせたい考え方を示したり，意図的に話題を焦点化していったりする**のです。この例では，もとになる１ｍを意識させるために，図の１ｍをそれぞれ囲みました。

　そのためには，日々の授業準備を行ったり，指導案を書いたりする際に，**予想される反応例の中で必ず取り上げたい考えが何かを意識し，明示する**とよいでしょう。焦点化したい反応例を意識することで，本時で考えさせたいことや発見させたい本質は何か，より明確になっていきます。

　教師の側から考え方を示すことに抵抗を覚える先生もいらっしゃるかもしれませんが，子どもたちがより深く考えるきっかけになれば，それは教師の出番，役割であると言えます。

つまり，どういうこと？

（考えの要約）

部屋にマットを並べました。
どちらが広いでしょう。比べ方を考えましょう。

（1年「どちらがひろい」）

C1 重ねてみると，あの方が広
そうだよ。端をぴったりそ
ろえよう。

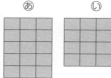

C2 ハンカチと同じ比べ方だね。

T そうだね。確かに移動すればできそう。でも，マッ
トを重ねるの大変だよね…？

C3 重ねなくてもわかるよ。絶対，ⓘだよ。だって，ⓘ
の方が，ここの長さが長いでしょ。それで，ここを
数えていくと15で，こっちは16だから，広いと思う。

T **つまり，どういうこと？**

C3 つまり…，マスの数を数えれば比べられる！

T そうだね。数で比べてるね。長さや水の多さを比べ
たときと同じ考え方だけど何が同じかわかる？

C4 あ〜，水をコップに入れて，数を数えたよね。

考え方自体は正しくても，説明が複雑で長かったり，「ここ」「こっち」といった指示語が多かったりして，友だちに伝わらないことが中学年でもよくあります。そうしたとき，「つまり，どういうこと？」と投げかけ，考え方を端的にまとめて説明しようとする態度を促します。

また，言いたいことが伝わっていなさそうな場合のペア対話にも有効です。単に「ペアで話してごらん」と言うのではなく，Ｃ３の後，

「つまり，どういうことが言いたいのかな？　ペアでまとめてごらん」

と言う方が，ペアでの対話が焦点化していきます。

この事例では，１年生の測定の単元「どちらがながい」「どちらがおおい」「どちらがひろい」の考え方を統合的に捉えることをねらいました。「つまり，どういうこと？」と説明の中から**考え方を明らかにしてキーワードを板書します。考え方を簡潔にして意識させておくことで，単元をこえて統合的に考える素地をつくることにつながります。**

測定は４段階あります。

＜直接比較→間接比較→任意単位を用いた測定→普遍単位を用いた測定＞

任意単位を用いた測定は，測定する単位が同じであれば離れた場所でも比べられ，どちらがどれだけ大きいかを数で表すことができるよさがあります。広さ，かさ，長さなどの量が違っても共通している考え方です。

答えを出さなくても
わかるかな？

（途中式への着目）

> 1＋2＋3＋4＋5＝15
>
> 5＋6＋7＋8＋9＝35
>
> 28＋29＋30＋31＋32＝150
>
> このように連続した5つの整数の和を求めましょう。

（5年「平均」）

T 連続した整数の和をいちいちたし算して，**答えを出さなくてもわかるかな？**

C1 平均のように，5から1に2つ移動する，4から2に1つ移動すると，どれも3になるね。

C2 平均のように均すんだね。3が5個で3×5＝15になるね。他も同じかな…。

T 途中の式も書いてみよう。

C3 5＋6＋7＋8＋9＝7×5＝35

　　28＋29＋30＋31＋32＝30×5＝150

C4 別の連続した5つでもやってみよう。

C5 2とばしで連続したらどうなるのかな？

C6 連続する数が9でも10でもできるのかな？

　計算して答えが出るとそれで満足してしまう子どもは少なくありません。しかし，算数は計算ができて，答えが合っていればそれでよいわけではありません。公式であれば，成り立ちや法則，そうしていい理由を一緒に考えていくことも算数で大事にしたい学びです。ですから，答えが出た後も，「なぜだろう？」と探究心や好奇心をもって考え続ける子どもを育てたいものです。

　この問題は，連続する整数の和ですから，文字を用いれば簡単に説明できます。しかし，文字を使わなくても，平均の考えを使ったり，別の場面で調べたりすれば，小学生なりに納得することができます。

　同じ正方形の中にきっちり入った円の面積の場面では，大きな円の半径を a とすると，

大きな円 $= a \times a \times \pi$

小さな円 $= a \div 2 \times a \div 2 \times \pi \times 4$

$\qquad = a \times a \times \pi$

となります。ここでも，「答えを出さなくてもわかるかな？」と発問し，**2つの式の途中式が一致することを見いだします。**

　途中式のよさを実感していない子どもは，途中式を省略し，答えだけを書く傾向があります。そういった子どもにも，**算数の言語とも言える式で，手順を追って説明したり，式を読んだりすることで，答えを出すだけではない算数の価値を実感させたいものです。**

どうして○○しようと
思ったの？

(発想の源の言語化)

	面積（m²）	人数（人）
レジャーシートA	3	6
レジャーシートB	6	9

どちらのレジャーシートが混んでいるでしょう。

(5年「単位量あたりの大きさ」)

C1 レジャーシートAの面積を6m²にするために，3
m²を2倍にします。人数も2倍にするから，12人
になります。だから，レジャーシートAの方が混ん
でいます。

T **どうして面積を6m²にしようと思ったの？**

C1 だって，面積をそろえれば，人数で比べることがで
きるでしょ。

C2 ぼくは，人数を18人にそろえて比べました。

T **どうして人数を18人にしようと思ったの？**

C2 だって，人数をそろえれば，面積で比べることがで
きるでしょ。

C3 面積か人数をそろえれば，比べられるということだ
ね。

ある問題を解くことができたとしても，その問題の解き方について，「どうしてそうしようと思ったのか」という発想の源が自覚できなければ，次に似た問題を解くことができるかどうかはわかりません。

　そこで授業でも，

　「どうして○○しようと思ったの？」

というキーフレーズを使います。そうすると，**解き方の発想の源が言語化され，聞いている子どもも，問題を解くための着眼点や考え方が理解できる**からです。

　この例であれば，面積をそろえて比べるという解き方について，

　「どうして面積を6m²にしようと思ったの？」

と問うことで，「面積をそろえれば，人数で比べることができる」という発想の源が言語化されます。

　同様に，人数をそろえた解き方についても，

　「どうして人数を18人にしようと思ったの？」

と問うことで，「人数をそろえれば，面積で比べることができる」という発想の源が言語化されます。

どうしてそうなるのかな？

(論理の言語化)

3のカードが3枚あります。

この3つの数字を＋や－，×，÷を組み合わせてどんな答えができるか式をつくってみましょう。

(4年「計算のきまり」)

T　3＋3＋3のように同じ記号を使ってもいいですよ。

C1　3×3×3＝27が一番大きな数になります。

C2　次に大きいのは，3＋3×3で18かな。

C3　えっ!?　それって12じゃないの？

T　**どうしてそうなるのかな？**

C4　3＋3は6だから，6×3でいいんじゃない？

C5　先にかけ算をしたら3＋9になって12になるよ。

C6　先にたし算をしたら18になって，先にかけ算をしたら12になるんだね。

T　3＋3×3の答えって18でも12でもいいの？

C6　計算の結果が変わっちゃうと困るんじゃないかな。

C7　計算の順序のルールが必要だね。

T　たし算やひき算のときは，順序が変わっても答えが変わらなかったのに，かけ算やわり算まで入ってくると計算の順序を決めなきゃいけないんだね。

　「どうしてそうなるのかな？」は，結果からプロセスを振り返り，そのときに用いた見方・考え方や論理を言語化し，明らかにするためのキーフレーズです。

　この例では，順序によって答えが変わる場面で発問しています。これまで，2×3＝3×2や1＋2＋3＝3＋2＋1のように計算の順番が違っても答えが同じになる経験をしてきていますが，たし算やひき算にかけ算，わり算が混じった計算の順序について学ぶのはこの単元がはじめてです。

　結果が人と違うことへの違和感からスタートし，プロセスを振り返ることで，計算の順序が違うことが原因であることを突き止めます。そして，ルールを定める必要性を共有していくのです。

　また，自分と他人の考え方や方法の違いについて，「どうしてそうなるのかな？」と考え，違いや論理を明らかにしていくことで，考える力が養われます。

　本時では3を3つ並べる計算を行いましたが，「4を4つ並べて答えが1から10までの計算をつくりましょう」という問題も設定できます。

　問題づくりを通して，問題と答えが一致しているか，計算の手順が合っているかを確かめる課題とすることもできます。

これはだれの考えに
近いかな？

(共通点への着目)

教科書のたてと横の長さを比べましょう。

(2年「長さのたんい」)

T 紙のように折って比べられないけど，どちらの方が
長いかわかりますか？

C1 たての方が長いよ。

C2 ランドセルには横だと入らないからね。

C3 テープにうつし取って長さを比べました。

T どちらがどれだけ長いか言えますか？

C4 指〇本分やえんぴつ〇個分，消しゴム〇個分なら言
えそう。

C5 でも，みんな長さも大きさも違うからよくわかん
ないよ。

C6 ブロックならみんな同じ大きさだから比べられるよ。
たてが13個，横が9個だから4つ違ったよ。

C7 算数ノートのマスも使えるんじゃない？

T これはだれの考えに近いかな？

C7 C6さんと同じで，どれも同じ大きさのブロックや
マスで比べているんだね。

　子どもたちは，１年生の「ながさくらべ」の学習におい
て，直接比較，間接比較，任意単位による測定を経験して
きています。２年生では，これらの経験を踏まえて，身の
回りのものの長さに着目し，数値化して比べたり表したり，
計算したりするなど，普遍単位による測定の仕方を学んで
いきます。

　この例では，このような学習のつながりを意識させるた
めに，改めて長さの比較（測定）の仕方を子どもたちに問
うています。

　授業の中では，ただ子どもが考えた比較の仕方を発表さ
せるだけでなく，方法は違っても，同じ任意単位による測
定の考えに基づく意見が発表されたとき，

「これはだれの考えに近いかな？」
と教師が問い返すことで，**「長さを比べるときには，『もと
にする大きさのいくつ分』で考えればよい」という普遍単
位による測定につながる考え方を明らかにします。**

「これはだれの考えに近いかな？」
という問いかけは，この場面に限らず様々なところで活用
できる発問です。

　友だちや自分の考えの共通点に着目し，統合的に考えよ
うとする態度を育成していくためのキーフレーズと言うこ
とができます。

何が違うかわかる？

（統合のための「違い」への着目）

> どちらの日が調子がよいと言えるでしょう。
>
> | | 打った本数（本） | 入った本数（本） |
> |---|---|---|
> | 1日目 | 6 | 3 |
> | 2日目 | 9 | 6 |

（5年「割合」）

C1 打った本数をそろえて比べました。

1日目／18本中9本

2日目／18本中12本　　　だから2日目。

C2 打った本数1本あたり何本入ったかで比べました（単位量あたりの大きさ）。

1日目／3÷6＝0.5　　　1本あたり0.5本

2日目／6÷9＝0.66…　　1本あたり0.66…本

だから2日目。

C3 入った本数が打った本数の何倍になっているかを出して比べました。（割合）

1日目／3÷6＝0.5　　　0.5倍

2日目／6÷9＝0.66…　　0.66…倍

だから2日目。

T それぞれの比べ方は，**何が違うかわかる？**

このキーフレーズは，共通する大事な考え方に着目して，統合へ向かわせるための発問です。共通する大事な考え方に目を向けさせるためには，まずは「違い」に目を向ける必要があります。**「違い」がわかるからこそ，共通点にも気がつきやすくなる**のです。

例に示した割合の学習であれば，C1は「打った本数」にそろえて比べ，C2は「打った本数1本あたりの入った本数」で比べ，C3は「打った本数を1とみて入った本数がいくつにあたるのかの数」で比べています。

それぞれの解き方を聞いて理解することはできても，子どもはそれらの比べ方の「違い」にまで着目することはなかなかできません。

そこで，「それぞれの比べ方は，何が違うかわかる？」と問い，解き方ではなく，比べ方に着目させ，それぞれの解き方を比較することに意識を向けさせるのです。

共通する大事な考え方を理解すると，他の場合でも使えるようになります。例に示した割合の学習であれば，「比べるときの大事な考え方」ということです。

目の前の問題の解き方が理解できても，場面や数値が変わってしまうと解けなくなってしまわないように，共通する重要な考え方に目を向けていきましょう。その第一歩が「違い」に目を向けることなのです。

「違い」がわかったら，いよいよ「同じ」を考えます。続きは次項をお読みください。

034

何が同じかわかる？

(統合のための「同じ」への着目)

みんなが考えた比べ方の方法
①打った本数をそろえて比べる方法
②打った本数１本あたりの入った本数で比べる方法
③入った本数が打った本数の何倍になっているのかを
　比べる方法

(5年「割合」)

T　それぞれの比べ方で，**何が同じかわかる？**

C1　①と②は打った本数をそろえています。

C2　①は18本で，②は１本です。

C3　人口密度や速さを比べるときにも使った「そろえる」という考え方を使ったんだね。

C4　でも，③は打った本数も入った本数もそろえていないなぁ…。

C5　③は本数は違うけれど，打った本数を１倍にしているところが同じだよなぁ。

T　いいところに気づいたね。③はどちらも打った本数を１倍にしているところが同じですね。ということは，何をそろえているのかな？

C6　あぁ，打った本数を１倍にそろえているのか！

「違い」を考えたら，次は「同じ」を考えます。「同じ」というのは共通する大事な考え方そのものです。

例に示した割合の学習であれば，既習である単位量あたりの大きさで学習した比べ方との「同じ」を考えることで，「比べるときは，『そろえる』という考え方が大事なんだ」と理解することができます。

「『同じ』を考える」ことは，算数の学習において，様々な場面で行う必要があります。

台形の面積の求め方を考えるとき，様々な求め方が出されますが，「面積の求め方を知っている形に分けたり，変形したりしている」という考え方はどれも「同じ」なのです。この「同じ」考え方を知っていれば，円の面積の求め方を考えるときも「どうにかして，面積の求め方を知っている形にできないかな」と考えることができます。

「同じ」を考えるときは，1時間の学習の中で出された考え方の「同じ」を考えることも大切ですが，できれば，以前の学習との「同じ」を意識するとよいでしょう。割合なら単位量あたりの大きさ，円の面積なら平行四辺形や台形などの面積というように，**同じようなことを考えた学習を振り返って，「同じ」を見つけると，将来の学習にも目を向けやすくなる（発展させやすくなる）**のです。

次項では，共通する大事な考え方を言葉でまとめることについて考えます。

035

共通する大事な考え方は
何かな？

（統合的な考え方の共有）

みんなが考えた比べ方の方法
①打った本数をそろえて比べる方法
②打った本数1本あたりの入った本数で比べる方法
③入った本数が打った本数の何倍になっているのかを
　比べる方法

（5年「割合」）

T　比べるときに**共通する大事な考え方は何かな？**

C1　「そろえる」という考え方です。

C2　①は打った本数を18本にそろえていて，②は打った
　　本数1本にそろえています。

C3　③は本数をそろえてはいないけれど，打った本数を
　　1倍にしてそろえています。

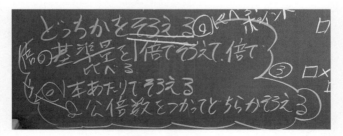

　「同じ」に着目することと，共通する大事な考え方をまとめることは一連のものと捉えることができます。

　「共通する大事な考え方は何かな？」

と問うことで，端的な言葉でまとめ，クラスで共有することができます。

　端的な言葉でまとめることによって，先行知識をもった子どもだけが使える知識ではなく，クラス共通で使える知識になります。

　また，言葉でまとめることで，感覚ではなく，論理的に理解しやすくなります。

　算数の学習において，「共通する大事な考え方を見つける」というのは，最も重要なねらいの1つだと言っても過言ではありません。

　一つひとつの問題の解き方を覚えていっても，場面や数値が変わったら解けなくなってしまいます。しかし，**共通する大事な考え方がわかっていれば，様々な場面で応用でき，自分で新しい知識を発見することができる**のです。

　それだけでなく，「この考え方を使えば，こんなこともできそうだな」と発展的に考える力を養うことにもつながっていきます。

　公式を覚えることも必要ではありますが，算数を通して，自分で新しい知識を発見できる力を育てていきましょう。

どんな考えが大事だったかな？

(統合的な考え方の振り返り)

弟と姉はどちらが速いと言えるでしょう。

	時間	距離
弟	16秒	80m
姉	18秒	100m

(5年「単位量あたりの大きさ」)

T　（表の時間だけ提示して）16秒と18秒では16秒の方
　　が速いから，弟の方が速いと言っていいかな？

C1　時間と距離の関係を知りたい。

T　２人がどれだけの距離を走ったかわかれば比べられ
　　るかな？（距離も提示する）

C2　１秒間だったら，姉の方がよく進むから速いです。
　　弟／80÷16＝5　　　　　１秒に５m
　　姉／100÷18＝5.55…　　１秒に約5.6m

C3　疲れずに走れるとして，400mで何秒かかるか調べ
　　ました。タイムの短い姉がやっぱり速いです。
　　弟／16×5＝80秒　　　姉／18×4＝72秒

T　速さを比べるときは**どんな考えが大事だったかな？**

C4　距離や時間が違うので，どちらかにそろえることで
　　す。平均，混み具合の学習が基になっていました。

「どんな考えが大事だったかな？」というキーフレーズは，子どもたちの考えの背後にある共通点を見いだそうとする発問です。ここではさらに，**これまでの学習とのつながりに目を向けさせることまで射程に入れています。**

「そろえる」という考え方は，低学年から系統的に使ってきています。長さが違うものであれば「端をそろえる」「計器をそろえる」「単位をそろえる」など，「そろえる」という共通点がありました。2量の関係になっても，比例や単位量，公倍数などの既習事項を使って「そろえる」ことを行っていることを発見させることが重要です。

速さの学習においても，これまでに学習してきた平均や比例の考え方も生かし，100mを18秒で進んだ姉は400mでは72秒かかるはずだと考えていきます。また，要した時間とその距離の割合（単位量あたりの大きさ）に着目して，速さを数値化・定式化することのよさを実感させます。

一見，距離をそろえることと，時間をそろえることはまったく別の考えのようですが，**「どんな考えが大事だったかな？」と問うことで，既習も踏まえて「そろえる」という共通点に焦点化されていきます。**

同種の量の割合を考えていくときも，異なる2つの数量で決まる速さを比較するときにも，時間と道のりのように2つの量の間に比例関係を前提にしたり，比例と見なしたりしている点に着目させながら，難しい学習内容と言われる「割合」の理解を図っていきたいところです。

この考え方，どこかで使わなかったかな？

(既習との統合)

$\frac{3}{4}$mで$\frac{2}{5}$kgの棒があります。この棒1mの重さは何kgでしょう。

(6年「分数のわり算」)

C1 まず$\frac{1}{4}$mの重さを出すために，$\frac{2}{5} \div 3$をして$\frac{2}{15}$kgと出しました。次に，$\frac{1}{4}$mから1mへと4倍になっていて，mとkgは比例すると考えられるから，$\frac{2}{15} \times 4$をして$\frac{8}{15}$kgと出しました。

C2 数直線でかくと，こうなります。

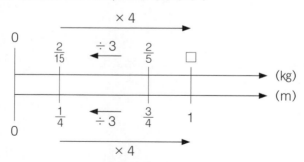

T <u>この考え方，どこかで使わなかったかな？</u>

C3 分数×整数や分数÷整数にして計算するのは，分数×分数でも使った考え方だ！

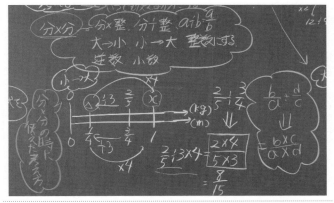

　算数では，学習した知識を使って，新しい知識を獲得することができます。そのためには，**過去の学習内容だけでなく，そこで使った考え方とのつながりも意識させることが有効**です。

　しかし，子どもはどうしても目の前の問題を解決することばかりに意識が向かってしまいます。そこで，

　「この考え方，どこかで使わなかったかな？」

と問うのです。

　考え方は同じなのに，新しい知識を発見することができるということは，同じ考え方を使えば，さらに新しい知識を発見できるという意識をもたせることにもつながります。この例で言えば，

　「どんなかけ算やわり算も，整数の計算にすれば，自分で新しいかけ算やわり算の計算の仕方を考えることができる！」

と思えるということです。

結局, どんなときに使えるのかな?

(統合的な考え方の素地)

4 + 2 になる問題をつくってみましょう。

(1年「あわせていくつ ふえるといくつ」)

C1 私は「花だんに, 赤いお花が4本と黄色いお花が2本あります。お花は合わせて何本でしょう」という問題をつくりました。

C2 ぼくは「最初, 駐車場に4台車がありました。そこに2台車が来ました。駐車場には何台車があるでしょう」という問題をつくりました。

T C1さんの問題に合わせてブロックを動かすと, どうなりますか?

C3 □□□□→←□□

T C2君の問題に合わせてブロックを動かすとどうなりますか?

C4 □□□□←□□

T どちらも4 + 2というたし算になりましたね。たし算というのは, **結局, どんなときに使えるのかな?**

C5 数を合わせるとき!

C6 全部の数を考えるとき!

　これまでの項目でも見てきたように，「統合的な考え方」
は，算数の学習で子どもが働かせることができるようにな
ってほしい重要な考え方です。

　算数や数学は，「違うものの中から，同じものを見つけ
る学習」と呼ばれることもあります。要するに，算数や数
学の学習は，それぞれの解き方に共通する大切な方法や考
え方を見つけ，いつでも使えるようにまとめていくことを
目指しているのです。

　この，統合的な考え方を働かせる態度は，１年生のとき
からその素地を養っていく必要があります。

　例に示したたし算の学習においては，

　「たし算というのは，結局どんなときに使えるのかな？」
と問うことで，たし算が使われている場面の共通点を考え
させようとしています。

　例を見てもわかる通り，１年生のうちから，いつでも使
えるように子ども自身が端的に言葉でまとめていくのはな
かなか難しいものです。しかし，そこは教師が補足したり，
まとめてあげたりしながら，**共通点を見いだし，まとめて
いく，という態度をしっかりとはぐくんでいきたい**ところ
です。

他のときも同じ考えが
使えるのかな？

（考えの発展）

平行四辺形の面積の求め方を
考えましょう。

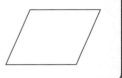

（5年「四角形と三角形の面積」）

C1 平行四辺形を長方形に
変形して面積を求めま
した。

C2 同じ考えだけど，切っ
たところが違います。

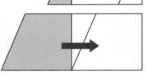

C3 平行四辺形を大きな長方形で囲んで考えました。大
きな長方形から，小さな長方形をひきます。

T 一部を移動したり，まわりを長方形で囲ったりすれ
ば，面積が求められたね。でも，**他のときも同じ考
えが使えるのかな？**

　授業の様々な場面で「他のときも同じ考えが使えるのかな？」と発問していくことで，問題が変わっても使える方法かを考えるきっかけにしたり，発展的に自分で考えたりできるように促すことができます。

　本時の平行四辺形の面積では，高さが図形の内部にある平行四辺形を長方形に等積変形して面積を求めるだけでなく，右図のような**高さが図形の内部にない平行四辺形についても同じ考え方ができるか確かめようとする姿勢をはぐくむためにも，このキーワードが重要**になります。

　5年生では，図形を構成する要素などに着目して，既習の求積可能な図形の面積の求め方を基に考えたり，説明したりすることが大切です。
①図形の一部を移動して，計算による求積が可能な図形に等積変形する
②既習の計算による求積が可能な図形の半分の面積であるとみる
③既習の計算による求積が可能な図形に分割する
といった数学的な考え方を働かせながら，「どの考えが他のときでも使えるかな」という視点で問題解決させたり，振り返らせたりしていきます。

どの考えが一番よいと
思ったかな？

(よさの比較)

五角形の内角の和を求めましょう。

(5年「図形の角」)

C1 角を全部調べて和を求めたら，540°でした。

C2 1本の対角線で三角形と四角形に分けられるので，
180°＋360°＝540°です。

C3 2本の対角線で分けると三角形が3つできるので，
180°×3＝540°です。

C4 2本の対角線は同じなんだけど，交わるように分け
ると3つの三角形と1つの四角形ができます。でも，
中心に数えなくていい角が360°分あるから，
180°×3＋360°－360°＝540°です。

C5 中心あたりから5つの頂点に向かって線を引いても
できました。三角形が5つできたけど，さっきと同
じで中心の360°分がいらないからひきました。
180×5－360°＝540°です。

T いろいろな方法を発表してもらったけど，**どの考え
が一番よいと思ったかな？**

C6 私はシンプルに3つの三角形に分けるのがいいかな。

　5年生では「図形の角」として，三角形の内角の和を求め，その学習を基に四角形の内角の和を求めていきます。本時では五角形の内角の和を求めていますが，次は六角形…と，多角形の内角の和についてまとめていくことになります。

　そうしたとき，基本形である三角形の内角の和を利用する考え方を基にしながら，角が増えても簡単にわかる方法，補助線を実際に引いて三角形に分けなくてもできる方法のよさに気づかせていくことが重要になります。

　C6の「シンプルに3つの三角形に分けるのがいいかな」という発言は，C3の考え方のよさについての発言です。C3の180°×3のよさを認めつつも，**五角形の内角の和を求める式に，五角形の「5」が入っているC5のよさにも気づかせたいところ**です。例えばこれまでの学習を振り返って，「三角形の数に着目するよさ」から，さらに「五角形なら5，六角形なら6の数字が使える式のよさ」へと変容できるように働きかけていくことが大切です。

三角形	四角形	五角形
180°	360	540°
180°×1	180°×2	180°×3
180°×（③－2）	180°×（④－2）	180°×（⑤－2）

○○をすると，どんな
いいことがあるのかな？

（よさへの着目）

> 1円玉は何枚あるでしょう。
>
> （グループごとに大量の1円玉を渡し，その数を数えた後，どう数えたか各グループが発表する場面）

（2年「4けたの数」）

C1 5グループも1円玉を10個集めて，10のまとまりをつくるところまでは同じなんだけど，10のまとまりを10個つくって100にして囲みました。

T 1〜5グループのどのグループも同じだね。**10のまとまりをつくると，どんないいことがあるのかな？**

C2 10のまとまりは数えやすいです。

T 「数えやすい」ってどういうこと？

C3 本当は10・20・30…だけど，1・2・3…って数えられるから簡単。

C4 10のまとまりをつくって10個集めると100になるから，100でも同じ。100・200・300…も同じように，百の位で数えられるよ。

C5 100のまとまりをつくってそれを10個集めれば1000になる。1000のまとまりを同じように数えていけば数えやすくなるよ。

　子どもたちは無意識に数学的な見方・考え方を働かせていることが多々あります。そこで，「○○をすると，どんないいことがあるのかな？」と問いかけることで，働かせている見方・考え方とそのよさに気づかせます。

　まず，どんなよさに着目させたいか考えておき，子どもが数学的な見方・考え方を働かせている姿を見いだす必要があります。本単元では，1000より大きい数も，1年生までの学習と同じように，十進位取り記数法の原理を基に数を構成したり，表したりすることを明らかにしていきます。これまでと同様に10のまとまりをつくることで，新たに万（10000）という数をつくっていけるという十進位取り記数法のよさに気づかせたいと考えました。

　「『はかせどん（速い・簡単・正確・どんなときでも）』な考えは？」とよさに着目させる実践はこれまでもありました。しかし，**「速いからこの考え方がよい」だけではなく，そのよさの背景にある見方・考え方を意識させることが大切**です。この場面では，「数えやすい」という子どもの発言に対して，「『数えやすい』ってどういうこと？」と教師が問い返すことが，よさを具体的に明らかにするための重要なポイントです。

どうして○○しては
いけないの？

（考えの根拠（できない理由））

正三角形をかく手順を考えましょう。

（5年「正多角形と円周の長さ」）

T　正方形をプログラミング
　　でかくときの指示は繰り
　　返しを使って，右のよう
　　にできましたね。

C1　次は，正三角形もできそうです。

C2　正三角形は，60°を使ったら，60°の角ができません
　　でした。

T　**どうして60°にしてはいけないの？**

C3　正方形は90°でよかったのに…

C4　だって，回転する角度は60°の外の角になるから。

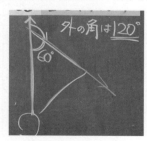

C5　外の角は180°－60°だから，120°です。

「どうして○○してはいけないの？」と発問すると，子どもは「だって…」と理由を考えようとします。こうした論理を引き出すためにも，この発問は有効です。

　プログラミングを体験しながら論理的思考力を身につけるための学習活動が教育課程に位置づけられ，５年生の正多角形の作図を行う学習に関連して，正確な繰り返しの作業や一部を変えることで，いろいろな正多角形を作図することになりました。

　はじめは正方形をかく手順や繰り返しの作業を確認し，正三角形の作図を行います。

　これまで，正多角形の性質として，正三角形は60°の角が３つあること，正方形は90°の角が４つあること，正五角形は108°の角が５つあること，正六角形は120°の角が６つあることなどを学習してきています。そのため，正三角形のプログラミングで「60°右に向きます（回転する）」と入力する子どもがいても不思議ではありません。たとえ失敗しても，**「どうして60°にしてはいけないの？」という問いから，できない理由を考え，これまでの正方形の作図を見直すことが大切**です。

　プログラミングのよいところは，すぐに実行できるところや修正が容易なところにあります。正三角形のプログラミングができた子どもたちは，次は正五角形，正六角形…と次々に作図していきます。角が増えるごとに図形が大きくなり，円に近づいていくこともだんだんと発見していきます。

どうして○○しても いいの？

(考えの根拠（できる理由）)

> ジュースが大きなびんに0.4L，小さなびんに0.3L
> 入っています。あわせて何Lあるでしょう。

(3年「小数」)

C1 簡単です！　0.4Lと0.3Lの0を取って考えると4 ＋3＝7です。そこに0をつけるから0.7Lになり ます。

T **どうして0を取ってもいいの？**

C2 …0を取ると計算がしやすいから？

T それでは0を取っていい理由にならないよね。どう すれば説明できるかな？　考えてみよう。

C3 図にして考えると， 4＋3＝7

C4 0.1Lが4個分と0.1L が3個分で，合わせる と0.1Lが7個分という意味だね。

T つまり，0を取るってどういう考えなの？

C5 「0.1がいくつか」を考えてる。

T そうですね。0.1をもとにすると，4＋3の整数の 計算で考えることができました。

　子どもたちは形式的なきまりや規則を見いだして計算することが得意です。そうした計算ができるのは算数・数学が，簡潔性や能率性などのよさを生かしてつくられているからです。

　とはいえ，形式的な方法だけを頼りにしていると，例えば，計算結果が大きく違っているときなどに気づくことができなくなってしまいます。

　「0を取る（0をつける）」というのは，もとにする単位を決めて，数を捉え直すという考え方です。他にも，40＋30，$\frac{4}{10}+\frac{3}{10}$など大きな数や分数の計算をする場面で，10をもとにする，$\frac{1}{10}$をもとにするという単位の考えを使うことで，4＋3の既習の整数の計算にすることができます。

　またかけ算でも，10倍，100倍するとき，「40×3の0をとって4×3＝12。12に0をつけて120にする」といった説明をする子どもがいます。これも10のまとまりをもとにするという意味を見いだし，10倍すると積も10倍になるというきまりをつくっていきます。

　このように「どうして○○してもいいの？」というキーフレーズを使うことで，**形式的な処理に一度待ったをかけ，その意味を考えることで，使っている考え方を明らかにしたり，既習事項とのつながりを意識させたりすることができます。**

044

数字じゃなくて，言葉の式で言えるかな？

（言語化・公式化）

> 台形の面積の求め方を考えましょう。

（5年「四角形と三角形の面積」）

C1 こんなふうに，半分に切って平行四辺形をつくって求めました。

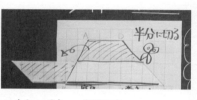

式は，（3＋9）×（4÷2）＝24です。

T <u>数字じゃなくて，言葉の式で言えるかな？</u>

C1 「底辺×高さ＝面積」です。

C2 これって，もとの図形で考えると，（台形の上の辺の長さ＋台形の下の辺の長さ）を計算して，台形の高さの半分をかけているってことだね。

C3 三角形に分けた式は，3×4÷2＋9×4÷2＝24だから，「台形の上の辺の長さ×高さ÷2＋台形の下の辺の長さ×高さ÷2」です。

C4 ってことは，これも「（台形の上の辺＋台形の下の辺）×高さ÷2」になるね！

C5 同じ台形を2つつなげて平行四辺形にしたときも…

　面積や変わり方調べのように，変化するものと変化しないものに着目することで，言語化や公式化を図っていくことをめあてにする活動があります。「数字じゃなくて言葉（の式）で言えるかな？」というキーフレーズは，このような言語化や公式化を促すための発問です。

　この問題は，台形の面積公式をつくる場面です。台形を上下に切ってつなげたり，三角形に分けたり，台形を2つつなげて平行四辺形として考えたりしたことを伝え合い，お互いの考えを共有していきます。

　そこで，**これらの活動を振り返り，言葉の式で表すことを促すことで，「台形の面積を求める公式ができないかな」という問いへとつなげていきます。**

　これまでに三角形や平行四辺形の言語化・公式化を図ってきた経験がありますから，この場面に出てきた式と図形とを見比べながら，面積を計算した図形の辺や高さが，もとの図形の辺や高さとどう関係しているかを捉えさせます。そして，数値を辺や高さなどの用語に置き換え，言葉の式に表します。

　それぞれの求め方を言語化・公式化していくと，どの求め方からも「（上底＋下底）×高さ÷2」という台形の面積公式を導くことができます。

　このような経験を通して，図と式を関連づけて考える力や，より簡潔・明瞭・的確な言語化・公式化された表現へと高めていく力の育成を目指していきます。

では，他に何をしたくなる？

（問題の発展）

直径30cmの大きな円の中に同じ大きさの小さな円が2つぴったり入っています。大きな円の円周と小さな円2つ分の円周の長さを比べましょう。

（5年「正多角形と円周の長さ」）

T どちらの方が長いかな？

C1 小さな円2つ分の方が長そう。

C2 同じだと思います。

T 円周率を3.14として，説明してみよう。

C3 大きな円の円周は30×3.14＝94.2，小さな円の直径は30÷2なので，小さな円2つ分の円周は30÷2×3.14×2＝94.2。

C4 かけ算は順序を入れ替えても同じなので，30×3.14÷2×2＝30×3.14となります。計算しなくても式が同じだから，長さは同じです。

T たまたま同じなのかな？

C5 どんな長さでも同じになるよ。

T 直径の30cmを変えようと思ったんだね。**では，他に何をしたくなる？**

　算数の授業では，いつも教師から与えられた問題を考えるだけでなく，自分で問題を発展させてさらに深く考えようとする態度を養いたいものです。

　よく自力解決が終わった子どもが，

　「先生，終わった人は何をすればいいですか？」

と聞いてくることがありますが，そんなときも，

　「では，他に何をしたくなる？」

と問い返し，自ら問題に働きかける姿勢を身につけさせましょう。

　この問題は，長さを比べる問題ですが，「同じ長さになる」ことが結論で，条件は「直径30cmの大きな円の中に同じ大きさの小さな円が2つぴったり入っている」です。この条件を子ども自ら様々に変えていくことで，結論がどうなるのかということを検証させていきます。

①大きな円の直径の長さを変える。　30cm→20cm

②小さな円の数を変える。　　　　　2つ→3つ

③小さな円の大きさを変える。　　　20cmと10cm

④円を半円に変える。

⑤円を正三角形に変える。

　このように，**条件を変え，問題を発展させることで，既習の内容を振り返るとともに，答えが出た後も学び続ける態度を養うことができます**。

046

本当に○○と
言えるかな？

（意味への回帰）

もとの長さの$\frac{1}{4}$をつくりましょう。

（2年「分数」）

T　下のようにテープを折って、「もとの長さの$\frac{1}{4}$」を
つくりました。**本当にもとの大きさの$\frac{1}{4}$をつくった
と言えるかな？**

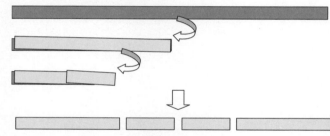

C1　同じ大きさに4つに分けた1つ分を、もとの大きさ
の四分の一と言ったね。

C2　でもこれは、全部同じ長さにはなってないね。

C4　$\frac{1}{4}$は4倍にしたらもとに戻るはずです。

C3　でもこれは、分けた1つのテープを4倍してももと
に戻りません。

T　「もとの長さの$\frac{1}{4}$は4つ集まるともとの長さに戻る」
というきまりを使っても確かめられるんだね。

　折り紙やロープなどの具体物を半分にすると，もとの大きさの二分の一の大きさができます。これを$\frac{1}{2}$と書き，「2つに等分した大きさの1つ分」という意味を理解させます。それらをさらに半分にして，もとの大きさの四分の一の大きさをつくり，$\frac{1}{4}$は「4つに等分した大きさの1つ分」とします。このように半分や半分の半分という活動をさらに続け，八分の一などの分数がつくれることを理解させます。

　このたび，半分でつくれる分数の他に，簡単な分数として$\frac{1}{3}$も学習指導要領に明記されました。

　例えば，12個のおはじきが次の図のように並んでいるときに，12個の$\frac{1}{2}$は6個で，12個の$\frac{1}{3}$は4個で，12個の$\frac{1}{4}$は3個とみる活動があります。

12個の$\frac{1}{2}$は6個　12個の$\frac{1}{3}$は4個　12個の$\frac{1}{4}$は3個

　指導にあたっては，図の見方を変え，12個は6個の2倍であり，4個の3倍であり，3個の4倍である，といったように，分数と倍を関連づけながら分数の理解を深めていくことが重要になります。

　ここでは，「本当にもとの大きさの$\frac{1}{4}$をつくったと言えるかな？」という発問を通して，**分数の定義・性質に基づいて「分けた1つを4倍すると元に戻るかな」と確かめる姿を期待しています。**

047

今までの学習を使って
考えているね

(既習とのつながり)

12×24のかけ算の仕方を考えましょう。

(3年「かけ算の筆算(2)」)

C1 12×24の24を20と4に分けます。

T どうして24を分けようとしているかわかる？

C2 分ければ，×20と×4になって，今までに習ったか
け算になるから。

C3 そうです。そうすれば，12×20と12×4になって…
（筆算を書く）

```
    1 2
×    2
─────────
  2 4 →10倍
```

```
    1 2
×    4
─────────
   4 8
```

12×2の10倍が12×20だから，24×10＝240。240＋
48＝288です。

T なるほど〜。**今までの学習を使って考えているね。**

C4 分けると，1桁のかけ算の筆算になっています。

C5 ×2桁も10倍を使うと×1桁になります。

C6 縦に並べると筆算にできそうだね。

　算数の学習で大切にしたいのは，既習事項を基にして，新しい知識・技能をつくり出すことです。そして子どもが，今まで習ったことを使えば，新たな問題を考えたり，問題から新しい知識・技能をつくり出すことができると実感をもてることが大切です。

　本時のめあては，「2桁×2桁も今までのかけ算でできるかな？」と既習事項を使うことを前提としています。「…のかけ算の仕方を考えよう」という問題だけでは，何を手がかりとすればよいかわからない子もいます。「今までのかけ算でできるかな？」と焦点化することで，どうすれば今までのかけ算にできるのか，既習事項に立ち返って考えることができます（ここでは，分けると今まで習ったかけ算にできる分配法則の性質や，何十をかけるかけ算を既習としています）。

　「今までの学習を使って考えているね」という言葉かけは，そうした解決を価値づけ，今までの学習を使って考えているということを再度意識させるためのキーフレーズです。

　教師がこのキーフレーズを算数授業の様々な場面で積極的に使うことで，子どもたちは既習事項を使って解決することを意識するようになり，**次第に子どもたち同士で，既習事項を使う友だちの姿を価値づけるようになっていきます**。

わかりやすく
整理できるかな？

（構造の把握）

みんながつくった四角形を仲間分けしましょう。

（4年「垂直，平行と四角形」）

T **わかりやすく整理できるかな？**

C1 平行があるかないかで分けられるよ。

C2 平行が一組ある四角形と，二組ある四角形があるね。

C3 台形と平行四辺形だね。

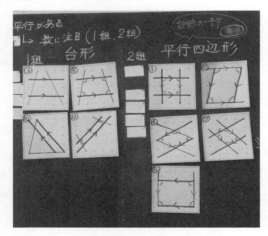

C4 平行四辺形の中でも直角があるものとないもの，辺
の長さが同じものでさらに整理できそうだよ。

「わかりやすく整理できるかな？」

という発問は，自分自身の思考をわかりやすく整理するという目的もありますが，**「友だちなどまわりの人が見てもわかりやすいように整理しよう」という意識をもたせるためのキーフレーズでもあります。**

どういう観点で分け，整理したのかをはっきりさせるために，ノートには「平行」や「垂直」，「平行や垂直の数」などのラベルを貼らせます。このラベルをしっかりと自覚させることが重要になります。

「仲間分け」の活動は低学年から系統的に行っていきますが，学年が上がるにつれて，整理する観点が増えていきます。6年生では，対称な図形について，図形を構成する要素同士の関係に着目して，「対称性」といった観点から，図形の性質を考察していきます。この「対称性」という観点で，既習の学習を捉え直したり，日常の場面へと広げたりすることで，図形の見方がより豊かになっていくのです。

このように，新たに図形を考察する観点を学んだとき，

「正三角形や二等辺三角形の場合はどうだろう？」

「四角形の場合は？　平行四辺形や台形，ひし形には当てはまるのかな？」

と別の図形へと発展的に考え，新たな観点で既習の図形を捉え直そうとする態度を育成していきます。

何が決まれば，何が決まるのかな？

（依存関係の把握）

半径5cm（直径10cm）の円の円周の長さは，何cmでしょう。

（5年「正多角形と円周の長さ」）

T　円は，何を決めるとかくことができるかな？

C1　半径の長さを決めればかくことができます。

T　半径の長さが長くなったり，短くなったりすれば，円はどうなるかな？

C2　大きい円になったり，小さい円になったりします。

T　ということは，**何が決まれば，何が決まるのかな？**

C3　半径の長さが決まれば，円の大きさが決まります。

T　円の大きさとは，具体的に何のこと？

C4　円の面積とか，円周の長さとかです。

T　そうですね。ということは，いつでもすぐに円周の長さを求められる方法を考えるには，何と何の関係を調べればよいかな？

C5　半径の長さと円周の長さの関係を調べるとよいと思います。

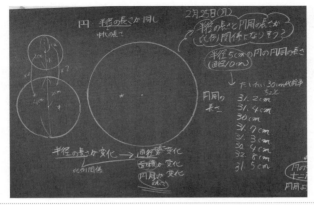

　片方が決まれば，もう片方が決まる関係のことを，依存関係と言います。

　依存関係を見つける学習というと，きまりを見つけて解く問題が頭に浮かぶかもしれませんが，算数では頻繁に行われる学習です。例えば，公式をつくる活動は，まさに依存関係を見つける学習です。

　依存関係を見つけるためには，「何が決まれば，何が決まるのか」という着眼点をもつ必要があります。そのためには，目の前の問題から，変化する２つの量を見つけ出す活動を経験する必要があります。

　教師は，**依存関係のある２つの量を変化させ，目の前の事象の変動を見せる**必要があります。この例であれば，半径の長さを変えた円をいくつかかき，

　「何が決まれば，何が決まるのかな？」

と問うのです。そうすると，変化している２つの量が何かがわかりやすくなります。

050

でも，それって
偶然じゃないの？

（きまりへの意識づけ）

> 一輪車の直径と，車輪が1回転して進む距離を調べ
> てみましょう。

（5年「正多角形と円周の長さ」）

T 小さな一輪車の直径は44cmです。

C1 実際に測ってみよう。1回転して進む距離は138cm
です。

C2 直径に対して何倍進んだか求めると，138÷44＝
3.1363…だね。

T では，今度は大きな一輪車で調べてみよう。直径は
60cmです。

C3 188cm進みました。

C4 直径に対して何倍進んだか求めると，188÷60＝
3.1333…です。

C5 また3.13…になったね。

T そうだね。**でも，それって偶然じゃないの？**

C6 違うよ！ 何かきまりがあるはずだ。

C7 円柱のまわりとか CD とか，いろいろな円の直径
とまわりの長さを調べてみたらわかるかも。

同じ結果になると思っていなかった答えが一致したとき，「また〇〇になったぞ」「何かきまりはあるのかな」と子どもたちの中に問いが生まれます。

「それって偶然じゃないの？」

という挑発的な投げかけは，その学びを促進するためのキーフレーズです。

様々な円について直径と円周の関係を調べる活動を行うと，円周率の3.14に近い結果が得られることを発見することができます。

直径	円周	円周÷直径
5	15.5	3.1
6	18.8	3.133333
7.5	23.7	3.16
8.3	26.3	3.168675
12	38	3.166667
12.1	38	3.140496
17.9	56.3	3.145251
22	70	3.181818
29.5	87.75	2.974576
44	138	3.136364

このように，帰納的に考えていくことにより，どんな大きさの円についても，円周の長さの直径の長さに対する割合（円周率）が一定であるというきまりが見えてきます。そのうえで，「円周率＝円周÷直径＝3.14」を用いて，直径の長さから円周の長さを，逆に円周の長さから直径の長さを，計算によって求められるようにしていきます。

これで全部かな？

（きまりの説明）

同じ答えになる計算カードを集めましょう。

（1年「たしざん」）

T　答えが13になるカードは何がありましたか？

C1　4＋9　　C2　8＋5　　C3　7＋6

C4　6＋7　　C5　5＋8　　C6　3＋9

C7　8＋5

C8　それもう出てるよ。

C9　並べ替えるとわかりやすいよ。

C10　本当だね。

T　答えが13になるカードは，**これで全部かな？**

C11　4から9まで順番で1ずつ増えてる。

C12　反対からも9から4に減ってる。

C13　持ってるカードに10はないから，これで全部。

T　じゃあカードにないけど，13になる式はまだあるの？

C14　あるある!!

4＋9
5＋8
6＋7
7＋6
8＋5
9＋4

問題の条件や場合を子どもたちが整理しているとき，

「これで全部かな？」

と教師が問うことで，子どもたちはきまりに目を向けて考えるようになります。

そして，子どもたちは見つけたきまりを基に，全部であると言える理由を説明します。きまりを意識していなかった子も，その説明を通してきまりを見いだしていくことになります。

一方，すべての場合を見いだせないとき，発言が出ないときは，

「これで全部だね」

と教師が言い切ってしまうことで，子どもたちは，

「まだあるかな…？」

と考えたり，

「まだあるよ。だって…」

と説明したくなったりします。

この後に続く，1年生の「くり下がりのあるひき算」から，6年生の「場合の数」まで，

「これで全部かな？」

というキーフレーズは，条件やきまりに着目させたい様々な場面で使うことができます。

**筆算しないで
できないかな？**

（計算のきまりへの意識づけ）

①120×4　　②1200×40

③12万×40　　④12万×4万

（4年「大きい数のしくみ」）

T　**筆算しないでできないかな？**

C1　12×4＝48を使って考えると，

12　×　4　＝　48

↓ ×10　　　　　↓ ×10

120　×　4　＝　480

①は上のように，かけられる数が10倍なので，答え
も10倍になります。

T　計算のきまりを使っているね。

C2　②は，12　×　4　＝　48

↓ ×100　　↓ ×10　↓ ×100×10（×1000）

1200　×　40　＝48000

C3　これも計算のきまりです。48は変わっていないけど，
1000倍だから0が3つ増えているね。

C4　③は，同じようにすると，480万になるよ。

C5　④はどうすればいいのかな？

C6　1万×1万は1億だから…

「筆算しないでできないかな？」

という発問は，きまりを使って工夫して計算することを促すキーフレーズです。

　計算のきまりは，分配法則・交換法則・結合法則，かけ算のきまり，わり算のきまり…など多様です。したがって，**特定の単元のみで習熟を図るのではなく，折に触れて計算のきまりを活用するように促したり，計算の工夫をしている子どもを取り上げたりして，大いにほめ，価値づけていくこと**が大切です。

　また，

　「たし算やひき算で見つけたきまりが，かけ算やわり算にも通用するのだろうか？」

　「かけ算やわり算特有のきまりがあるのだろうか？」

といった問いが子どもの中から生まれてくるように指導の見通しを立てることも重要です。

　例えば，除法のきまりとして，「わられる数とわる数に同じ数をかけてもわっても答えが変わらない」というきまりがあります。はじめは整数について調べて除法のきまりをまとめているので，小数や分数を学習する際，整数の場合と同じきまりが成り立つことを確認する必要があります。このように，**「整数のきまりは，小数や分数でも成り立つのかな」といった姿勢で学習を進め，演算の意味を統合・発展させていくの**です。

同じように
簡単にできないかな？

（計算や図のきまりの活用）

おはじきは全部でいくつありますか。
求め方を１つの式で表しましょう。

（４年「計算のきまり」）

C1 $3 \times 8 + 1 = 25$ **C2** $4 \times 4 + 3 \times 3 = 25$

C3 $5 \times 5 = 25$

T いろんな式で表せたね。では，
おはじきの数を増やしてみます。
数が増えても，**同じように簡単
にできないかな？**

C4 C1のようにやると同じまとまりがつくりにくいね。

C5 C2のようにすると，５のまとまりが５つに，４の
まとまりが４つで見られるから使えそうじゃない？

C6 $4 \times 4 + 3 \times 3$ を，$5 \times 5 + 4 \times 4$ にできるね。

C7 この方法なら，数が増えても使えそうじゃない？

　きまりに着目したり，活用したりしようとする意識を育てるためには，**「同じように考えたい」「同じように考えると簡単にできる」「…すれば同じように考えられるかも」と，統合的・発展的に考えるよさを味わわせる日々の指導が必要**です。そのためのキーフレーズが「同じように簡単にできないかな？」です。

　この例では，図から式をつくり，その意図を図に戻して読み合った後，おはじきの数を増やして追究させました。「同じように簡単にできないかな？」と方向性を示すことで，増え方や数のまとまりのつくり方に規則性はないのか考えようとしたり，まとまりのつくり方や式表現の一般性によさを見いだしたりしていくのです。

　授業の終末では，**「数が変わっても同じように見られる」「きまりを見つければ，計算を簡単にすることができた」**ということが印象づけられるような振り返りの時間をぜひ確保したいところです。また，問題解決が終わった後に，「練習問題を解きましょう」ではなく，「○○と同じように簡単にできないかな？」というひと言を投げかけることで，子どもたちは考え方を意識しながら教科書の問題に取り組むようになります。そういった経験を繰り返し積んでいくことで，「きまり見つけ」や「変わり方調べ」の時間だけでなく，式や図から一般性やきまりを見いだしたり，活用したりする姿が増えていきます。

054

**○○を何に変えると
できるかな？**

(計算のきまりの活用)

> 2.16×3.2を計算しましょう。

(5年「小数のかけ算」)

C 1 このままだと計算できないなぁ…

T どうして計算できないの？

C 2 だって，小数×小数の計算の仕方がわからないから。

T 小数×小数ができないなら，**小数を何に変えるとで
きるかな？**

C 3 整数×整数に変えればできる！

C 4 そうそう。だから，216×32にして計算できないか
と思ってるんだよね。

C 5 前やったように，かけ算の性質を使って，2.16を
100倍，3.2を10倍して答えを出して，答えを÷1000
すれば答えが出るよ！

$$2.16 \quad \times \quad 3.2 \quad = \quad 6.912$$
$$\scriptstyle \times100 \downarrow \qquad \times10 \downarrow \qquad\qquad \uparrow \div1000$$
$$216 \quad \times \quad 32 \quad = \quad 6912$$

「〇〇を何に変えるとできるかな？」

というキーフレーズは，新しい計算を考えるときに，子どもに考える視点を与える問いです。

「そのままでは計算できないけれど，ここの数値を変えればできるかもしれない」ということをクラスで共有することで，「どうすれば変えることができるのか」という思考に向かわせることができ，課題を明確にすることができるのです。

低学年から中学年にかけて，計算のきまりを使って，大きな数を計算しやすい数にして計算をするという経験をしていきます。**この経験は，「できない計算があったら，計算できる数値に変える」という発想につながっていくものであり，自分で新しい計算方法を発見するために，とても大切な考え方**です。

高学年になると，小数や分数を使った計算が始まります。そのままでは計算できないとき，低学年や中学年で使ってきた「できない計算があったら，計算できる数値に変える」という発想から，「小数や分数を整数にする」という考え方を見つけていくのです。

「できない計算があったら，計算できる数値に変える」という発想は，計算のきまりを使うことが多いため，低学年や中学年のころから，計算のきまりを使う習慣を身につけさせていくことが大切です。

そのきまりはいつでも
使えるのかな？

（きまりの一般化）

> 　1辺が1cmの正方形を，下の図のように1段，2段，
> …と並べて，階段をつくります。□段のときのまわり
> の長さを求めましょう。

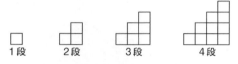

1段　　2段　　3段　　4段

（4年「変わり方調べ」）

C1　段の数が1増えるとまわりの長さは4cm増えます。

C2　段の数に4をかけるとまわりの長さになります。

T　**そのきまりはいつでも使えるのかな？**

C2　使えると思います。私は表にしてみました。

段の数（段）	1	2	3	4	5	6	7	8	9
まわりの長さ（cm）	4	8	12	16	20	24	28	32	36

C3　4ずつ増えているし，9段の4倍は36だね。

T　9段より大きくても，絶対4倍になるの？

C4　どうして×4なのか，図にするとわかるよ。矢印の
ように辺を動かすと正方形になりま
す。4段のとき1辺は4cmだから，
4×4になります。

　4年生では，具体的な問題場面において，表から変化の様子を□や△などを用いた式に表したり，表された式から，数量の関係を読み取ったりすることができるようにします。そのためには，表に整理したり，2つの数量の関係を式に表したりすることが大切です。

　表に表すことで，表の数値間の関係から，一方の数量が増加するときの他方の数値の増減という変化の様子が捉えやすくなります。表を横に見たり，縦に見たりすることで，一方が1ずつ増えたときに，他方が1ずつ減る，2つずつ増えるなどの変化の特徴やきまりを見いだすことができます。

　また，式を用いることで，これらの特徴やきまりを簡潔に表すことができます。

　「そのきまりはいつでも使えるのかな？」

という発問は，**表した式が簡潔で，一般化された式になっているかどうかを確かめさせるための発問**とも言えます。

　本時では，段の数とまわりの長さの変化を，

1段…4（1×4）

2段…8（2×4）

3段…12（3×4）

…

と，「段の数×4＝まわりの長さ」と捉えてもとの事象と対応させて確かめていきましたが，階段は正方形に直せることから，段の数を正方形の1辺の長さとして「1辺の長さ×4＝まわりの長さ」と捉え直していきました。

他の場合でも
確かめなくていいの？

（帰納的な考え方）

> 直径が5㎝の円，20㎝の円の円周の長さは何㎝になるでしょう。

（5年「正多角形と円周の長さ」）

C1 直径が10㎝の円の円周の長さは約31.3㎝になったから，直径が5㎝の円の円周の長さは約15.65㎝，直径が20㎝の円の円周の長さは約62.6㎝になると思います。

T どうしてそう思ったの？

C1 直径が10㎝のときが約31.3㎝になっているので，直径の約3.13倍が円周の長さになると思ったからです。（この時点では，子どもが実測した数値に基づいているので，3.13倍としています）

T 直径の長さの約3.13倍で円周の長さを求める方法は，**他の場合（円）でも確かめなくていいの？**

C2 どんな円でも同じだと思うけどなぁ…。

C3 実際に測ってみないとわからないから，測ってみよう！

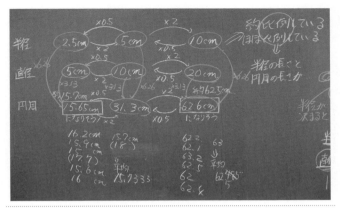

「他の場合でも確かめなくていいの？」

という問いで子どもの帰納的な思考を促すことは，算数の授業においては大変重要です。1つの事例で調べたことが，他の場合でも使えるとは限らないからです。

　この例で言うと，直径10cmの円で，直径の長さと円周の長さの関係に目をつけて，「円周の長さが直径の長さの何倍になっているのか」と調べたことが，他の円でも同じと言えるかどうかは，実際に測ってみないとわからないのです。そこで教師は，

「他の場合でも確かめなくていいの？」

と投げかけ，子どもの目を他の円に向けさせ，実際に調べて確かめさせようとしているのです。

　「1つの事例だけでなく，いくつかの事例を調べたうえで保証する」という調べ方が，いつでも使える方法を見つけるためには必要なことを，子どもが感じられるようにしていきましょう。

057

○○が使えるのって
どんなとき？

（一般化の考え方）

1 mで80円のリボンを2.3m買うときの代金はいく
らでしょう。

（5年「小数のかけ算」）

T　この問題を解くための式はどうなりますか？

C1

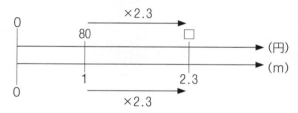

　　mと円が比例すると考えると，1 mから2.3mに2.3
　　倍すれば，円も2.3倍になる。だから，80×2.3にな
　　ります。

T　3 mや4.2mの代金を求めるときも，同じようにか
　　け算になるかな？

C2　3 mの代金なら，mと円が比例すると考えると，1
　　mから3 mに3倍になれば，円も3倍になる。だか
　　ら，80×3 になるよ。4.2mだって同じだよ。

T　ということは，**かけ算が使えるのってどんなとき？**

C3　このmと円のように，何かと何かが比例してるとき。

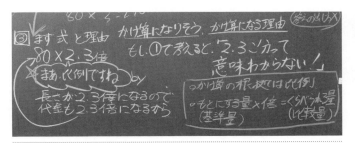

　新しく発見した知識は，様々な学習で使えると，そのよさを味わうことができます。そこで，

　「○○が使えるのってどんなとき？」

と問い，**「新しく発見したことがいろいろなところで使えそうだな」と思わせることが大切**です。

　この例の場面は，それまで「１つ分×いくつ分＝全部の数」というかけ算の意味を，「もとにする量×倍＝比べられる量」という意味に変える場面です。かけ算の意味を「もとにする量×倍＝比べられる量」という意味に変えることで，かける数は整数でも小数でも，どんな場合でも意味が通るようになります。

　そこで，

　「かけ算が使えるのってどんなとき？」

と問うことで，「２量の比例関係がある場面であれば，かけ算にすることができる」と理解できれば，今後の様々な学習で根拠をもって立式できるようになります。

　新しく発見した知識を，他の学習でも意識的に使うことができるようになると，知識の仕組みの理解が進み，闇雲にいろいろなことを覚えなくても済むようになります。

○○は，いつでも
使えるかな？

（演繹的な考え方）

□角形の角の大きさの和を調べましょう。

（5年「図形の角」）

C1 □角形の□に3，4，5，6と入れて表にまとめて
みました。

□角形	3	4	5	6	…
角の大きさ和	180°	360°	540°	720°	…

表を見ると，180×（□－2）という式で角の大き
さの和が求められるとわかりました。

T **この式は，いつでも使えるかな？**

C2 使えるよ。例えば，五角形をこんなふうにして三角
形に分けると，対角線が引けない頂点が2つ（下図
の○）できます。これはどんな多角形でも同じです。
だから，いつでも使えると言えます。

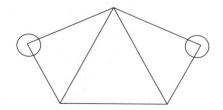

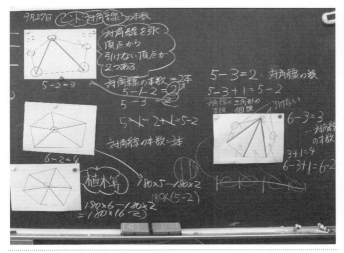

「〇〇は、いつでも使えるかな?」

「〇〇は、いつでも言えるかな?」

と問うことで、「いつでも使える」「いつでも言える」理由を論理的に考えさせるキーフレーズです。ここで働かせる演繹的な考え方も、算数・数学の学習において非常に重要な思考の1つです。

　1つの事例で調べたことを、他の場合でも調べることで保証したら、**今度は論理的に考えて、「いつでも使える」「いつでも言える」ものにしていく**のです。

　もちろん、論理的に保証する場合も、1つの事例だけでなく、他の事例でも論理的に証明することは必要です。実践例で言えば、五角形で証明するだけでなく、六角形でも証明するということです。

この分け方だと,
どんな仲間と言えるかな？

（集合の考え）

　これまでに習った四角形を，1本の対角線で2つの
三角形に分けてみましょう。

（5年「合同な図形」）

C 1　正方形は，合同な直角二等辺三角形になります。

C 2　ひし形なら，4つの辺が等しいから，合同な二等辺
　　　三角形になります。

C 3　長方形は，合同な直角三角形になるよ。

C 4　平行四辺形も，くるっと回転させると，合同な三角
　　　形になるよ。名前はつかない三角形だけど。

C 5　台形は，跳び箱みたいな形（等脚台形）ならできる
　　　と思ったけど，合同にならなかったよ。

T　　整理すると，正方形，ひし形，平行四辺形，長方形
　　　が合同な三角形になったね。**この分け方だと，どん
　　　な仲間と言えるかな？**

C 6　2組の辺が平行な四角形です。

C 5　でも，2組の辺が平行じゃないんだけど，たこ型や
　　　ブーメラン型も合同になるときがあったよ。

C 6　本当だ！

T　　では，これも入れるとどんな仲間と言えますか？

「この分け方だと，どんな仲間と言えるかな？」

という発問を通して，どんな観点で分けたかということに着目させることができます。

　この観点は，学年が上がるにつれて増えていきます。例えば，４年生までに，平行や垂直，直角や同じ角や同じ長さなど，それぞれの集合に共通な性質を見いだす活動を行ってきています。５年生の「合同」においても，既習事項に基づき，操作を通して合同の意味を理解し，対応する辺や角，頂点，位置関係などに着目させながら，合同となるときの条件を捉えさせていきます。さらに，今後のつながりとして，合同の学習を生かしながら，６年生で線対称や点対称，拡大図・縮図の学習へとさらに図形を見る観点を増やしたり，広げたりしながら発展させていきます。

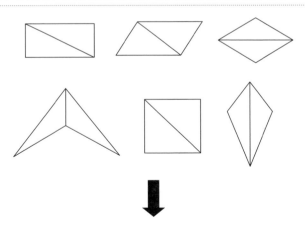

対応する３つの辺の長さがそれぞれ等しい三角形に
分けられる図形

060

どんなところを見て
考えたのかな？

（着眼点の言語化）

折り紙でつくった97個のプレゼントを保護者会に来た□人に同じ数ずつあげることにします。1人分は何個になるでしょう。

（4年「わり算の筆算(2)」）

C1　先生，保護者会ってだいたい何人くらい来るの？

T　　10〜20人くらいです。

C2　だったら5〜6個ぐらい？

C3　97人来たら1個。

C4　うーん…。

C5　97÷□になるでしょ？

C4　うん。

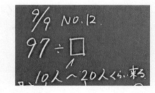

C5　それで，10〜20人くらい来るから，□に10〜20のどれかが入って。それで，もし10だとしたら…。

T　　ストップ。それで，**どんなところを見て考えたのかな？**　指さして。

C5　<u>97÷□</u>　　<u>10人〜20人</u>

T　　ここを見たんだって。C4さん続きを言える？

C4　97÷10として…，だいたい9になりそう。

　この事例は，２桁でわる筆算の第３時で，商の見積もりをすることがねらいでした。97÷⬜を示す前に，10〜20人という範囲を示すことで，第１，２時に学習した，÷何十，÷何百の考えを使えるようにしています。

　見積もりがすぐできる子どもは，わられる数とわる数の一番大きい桁の数に着目して，暗算をしています。しかし，その考え方を一部の子どもに説明させるのではなく，

　「どんなところを見て考えたのかな？」

と教師が問い返すことで，全員に何に着目をしているのか気づかせ，言語化させていくことが大切です。

　ここでは，着眼点だけを言ってほしいので，一度教師がＣ５の説明をストップさせ，指で式の97の９と，10の１を示させることで，着眼点を学級全体で共有しています。この後，説明を他の子どもにつないだり，ペアで話し合わせたりすると，着眼点をもとに言語化するという活動を，苦手な子どもや学級全員に保障することができます。

　その後，商が４〜９の間という見通しを確認した後，⬜に16というカードを提示し，97÷16について，商の見積もり，自力解決に入りました。

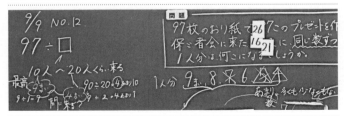

061

○○って,
いい言葉だね

（考えの価値づけ）

①金魚は合わせて何匹になるでしょう。

②金魚が水そうに4匹います。

　2匹増えると，何匹になるでしょう。

（1年「あわせていくつ　ふえるといくつ」）

①合併の場面

T　　問題に合わせてブロックを動かすとどうなるかな？

C1　□□□□→　←□□

T　　C1さんは，どんなふうに動かしていた？

C2　ブロックを両手でがっちゃんってした。

T　　**「両手でがっちゃん」って，いい言葉だね。** みんな
　　伝わりましたか？

②増加の場面（合併の学習が終わった後）

T　　問題に合わせてブロックを動かすとどうなるかな？

C3　□□□□←□□

T　　C3さんは，どんなふうに動かしていた？

C4　右にあるブロックだけ動かした。

C5　この前は，「両手でがっちゃん」だったから，今度
　　は「片手でがっちゃん」だね。

T　　**「片手でがっちゃん」も，いい言葉だね。**

１年生のたし算①合併の場面と②増加の場面では，「合わせて」「増えると」というようなキーワードに着目させる指導があります。しかし，実際の授業では，まず子どもたちが表現する素朴な言葉の中に数学的な考え方を働かせている姿を見つけ，その考えを広げていけるようにしたいものです。その際に有効なのが，

「○○って，いい言葉だね」

というキーフレーズによる価値づけです。

　事例ではまず，①の合併の場面で「両手でがっちゃん」という，合わせる操作を表現した言葉を取り上げました。こうして合併の場面で価値づけておいたことで，②の増加の場面では，「片手でがっちゃん」という操作の違いを表した表現が子どもから出てきました。こうした違いを意識させることは，単元末で２つの場面を統合的に捉えることにつながります。

　教師が与える言葉より，子どもならではの表現の方が子どもたちには伝わります。子どもがつくった教室言語は，その１時間を超えて，別の時間でも使われます。そのため，

「今の○○さんの考えっていいね。**この考え方に名前をつけておこうか**」

とネーミングをするのもよいでしょう。

　中高学年では，算数の用語を正しく使えることも大切になるので，用語を正しく使った場合にも，

「**○○という言葉を使うと**，わかりやすいね」

と価値づけていきます。

大事だなと思った考え方を学習感想に書こう

（考え方の振り返り）

同じ数ずつ4人で折り鶴を折ります。

全部で56羽折れました。

1人何羽折ったでしょう。

（3年「□を使った式」）

C1　56÷4になると思います。

C2　お話通りの式にすると，□×4＝56だね。

C3　「1つ分の数×いくつ分＝全体の数」だもんね。

T　　かけ算もわり算も，どちらもこの場面の関係を表しているね。

（授業の終末で）

T　　今日の授業を振り返って，**大事だなと思った考え方を学習感想に書こう。**

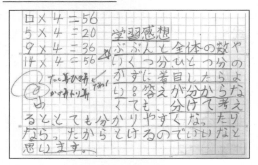

　学習感想は，教師にとって，子どもがその時間に何を学んだのか，思考過程や児童間の認知の違いを読み取り，次の授業の問いや展開に生かすことに役立ちます。

　一方，子どもにとっては，授業の内容や自身の思考を振り返る機会になります。しかし，まとめの言葉をそのまま書くのでは意味がありません。そのためには，教師が何を書かせたいのか，何を見取りたいのかを明らかにしておく必要があります。

　まずは，キーフレーズを使って，その時間に大事だった考え方は何かを子どもに意識させるようにしましょう。さらに，**疑問や難しかったことなど，授業では言えなかった本音を書ける場にしておくことも大切**です。

　いずれは自由に学習感想を書かせたいところです。教師は，下の4つの様相（順序性はありません）を視点に学習感想を見て，コメントをしていくとよいでしょう。

①「楽しい」「また勉強したい」など思ったことを素直に表現する
②算数・数学の内容について，自分の考えを書く
③自分の考えだけでなく，他人の考えについて自分がどう思ったかを書く
④自分の考えを問い直し，より数学的な内容を追究しようとする

【参考文献】

中村享史（2008）『数学的な思考力・表現力を伸ばす算数授業』（明治図書）

友だちの考えでよかった
ことも学習感想に書こう

（学び合うことのよさ）

> まわりの長さも，縦と横の長さも変えずに，長方形
> を少し傾けます。面積は変化するでしょうか。

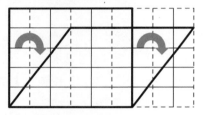

（5年「四角形と三角形の面積」）

（はじめの予想では「面積は変わらない」と考えた子ども
が多かったものの，自力解決や発表検討を経て，面積が変
わることがわかった後の場面）

T　本時のまとめはどうしよう？

C1　傾けた平行四辺形は長方形にして面積を求める。

C2　もとの長方形と比べると縦の幅（高さ）が低くなっ
　　た。平行四辺形の面積は，横の長さと高さが関係し
　　てる。

T　はじめの予想と違った人も多かったけど，**友だちの
　　考えでよかったことも学習感想に書こう。**

答えは1つであっても，様々な方法で問題が解決できることが多いのが算数の特徴です。学級には算数が得意な子も苦手な子もいます。その中で，人それぞれのわかり方，納得の仕方があります。そのため，問題を解く中で自分自身で気づくことだけでなく，友だちの考えや説明によって気づかされることも多々あります。そうした**友だちとの学び合いで生じた気づきを，授業の振り返り場面でノートに記述させるようにしたいものです。**

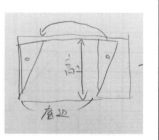

「底辺×高さ」という○○さんの考えを聞いて，平行四辺形の面積は長方形の面積を求めるようなものだと気づきました。

間違いもノートに残しておこう

(誤答を生かしたノートづくり)

半径が5cmの円の中心を，図のように直線が通っています。

直線は何cmになるでしょう。

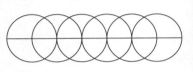

(3年「円と球」)

(自力解決中の机間指導で)

C1 あ〜，違った。円は6つだけど，半径は…

T どうしたの？

C1 円が6つだから，5×6＝30だと思ってたんだけど，よく見たら半径の数が6じゃなかった。

T そっかそっか。でも，**間違いもノートに残しておこう**。消しゴムで消さずに，×印をつけておくといいよ。次の考えに生かせるかもしれないからね。

(検討場面)

C2 半径が7つだったから，5×7＝35です。

C3 似ていて，(5×6)＋5＝35と考えました。

C4 円の半径が6つと，最後は1つの半径が見えるね。

C1 (5×6と書く方が，円の数を生かした式になるからいいな。さっきのはいい間違いだったな〜)

　算数の授業では，教師が間違いや失敗を積極的に価値づけ，間違いや失敗を生かした授業づくりをすることが大切です。ノート指導についても，**全体に伝えるだけでなく，個別に声かけをしていきます。**

　下の写真の児童は，はじめは答えが30㎝だと考えました。しかし，検討場面で友だちの意見を聞いて，自分の間違いに気づきました。そして，自力解決のプロセスの何がいけなかったのかを内省し「⑦じゃあぼくは，なぜ答えが30㎝になったのだろう」と記述しています。

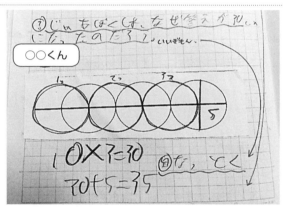

　そして，後に発表された友だちの考えを，円の直径３つ（青）と半径１つ（赤）と色分けして図と式を関連づけ，「⑤なっとく」と記述しています。

　このように，自分の間違いに向き合うことで，解決への大切な手がかりが明確になります。こうした子どものノートを紹介し，間違いを残し，それらを生かして考える子どもたちを育てていきましょう。

前のノートを見るってすばらしいね

（既習に立ち戻ることの価値づけ）

□+□＝60になるように式を考えて，筆算で確かめてみましょう。

（2年「たし算とひき算のひっ算」）

T　1つ見つけたら，次の式も考えてごらん。

C1　いっぱいできるよ。

C2　先生，これって61個できるんじゃない？

T　みんなは，61個できると思う？

C3　なんで61なの？

C2　だって，□+□＝10の式を考えたとき，11個見つけたでしょ。

T　授業をよく覚えている証拠だと思うんだけど，そのことを前のノートを見て確かめている人がいるよ。

C4　4月○日に，□+□＝10の式を考えたよ。

C5　本当だ～。

T　**前のノートを見るってすばらしいね。**
　　C2さんは，この日の学習から，□+□＝60になる式は61個じゃないかって考えたんだね。どう考えたか，みんなもわかる？

　算数の学習は，既習の内容や考え方を基にすれば，新しい課題の解決を図ることができる特性があります。ですから，**「わからなかったら前のノートを見ればいい」「前のノートを見るとヒントが隠れているかもしれない」という姿勢をはぐくむことが重要**です。

　この例でのＣ２やＣ４の発言は，単元の前に復習として取り組んだ「□＋□＝10になる式を考えよう」についてのやりとりを思い出してのものでした。前時ではなく，10日ほど前の学習です。子どもが見つけた式を１＋９，２＋８のように順番に並べながら，10＋０まで黒板に書いていきました。すると，「１＋９と９＋１のように反対にしてもいいのなら，１＋９の前に０＋10だってあるよ。だから，全部で10個ではなく11個の式がある」と最終的に確認することができました。「答えが10だからといって，式も10個とは限らないこと」「□＋□＝９ならいくつ式があるのかな？」「ひき算ならいくつあるのかな？」とこの問題を契機に発展的に考えていき，その後，筆算の学習が進んでいきました。

　新しい問題を解決するにあたって，「これまでに学習した内容や考え方が参考になるはずだ」と考え，前のノートを振り返ろうとする子どもの姿をすぐにキャッチし，「前のノートを見るってすばらしいね」と大いにほめ，価値づけましょう。

ノートが黒板を写すだけに
なっていないね

（自分で考えることの価値づけ）

$\frac{4}{5} \times \frac{2}{3}$ の計算の仕方を考えましょう。

（6年「分数のかけ算」）

T　前の授業で，C1さんのノートに，次のようなこと
　　が書いてありました。

	なぜ、前に習った学習をつかう？
理由は	新しく計算に出てきたものは、知らない人もいて使えないので、みんなが知っている考え方を使って答えをみちびくためだと思う
	整数にすることができる！
	分×分の時でも使えそう？

　　ノートが黒板を写すだけになっていないね。黒板に
　　書いてあること以外にも，自分で考えたことや疑問
　　に思ったことを書いておくといいですよ。

C2　私は，友だちの解き方なんかも書いています。

C3　ぼくは，みんなで話していたときに大事だと思った
　　こともノートに残しています。

152

　ノートは，黒板を写して保存するためのものではありません。

　算数におけるノートの価値は，目の前の問題を考え，新しい知識を発見するために，前の学習を見返すことにあります。よって，ただ黒板に書かれたことを写していても，将来の学習で使えるノートにはならないのです。

　一番大切なのは，**学習中の思考過程を記録し，「どうしてそうなるのか」ということを残していくこと**なのです。そのためには，自分で考えたことをノートに書く必要があります。自分で考えたことをノートに書いていくことで，考え方が記憶に残りますし，考えた足跡が残るので，どんなことに応用できるのかもわかりやすくなります。

　もちろん，黒板に書かれていることを写すことも大切ですが，それだけでは不十分です。それ以外にも，以下のようなことについてノートに残すように意識させるとよいでしょう。

・自分で問題を解いたときに書いた式，言葉や図

・よいと思った友だちの解き方

・話し合いの途中で出てきた，大事だと思った言葉

・疑問や質問

・授業を通じて一番大切だと思った考え方

1マスに1字書いていて わかりやすいね

（わかりやすく書くことの価値づけ）

> 52÷4を筆算で解きましょう。

（4年「わり算の筆算⑴」）

C1

T **1マスに1字書いていてわかりやすいね。** 見やすい
し，どの位に何の数字を書いているのかひと目でわ
かるね。

C2 C1さんのように，1マスに1字で書くと，間違わ
なくなりそうだな。

T そうですね。間違えにくくなるでしょうね。もし間
違ったとしても，どこが間違っているのかすぐにわ
かるから，すぐに直せるよね。

　算数は，数や言葉を使って論理を組み立てていく教科です。よって，考えた過程を残していくことが大切です。あとで「何を根拠に考えているのか」「どういった考え方が重要なのか」といったことを見直す必要があるからです。そのために重要なのが，１マスに１文字を書く習慣で，これが「見直したときにわかりやすいノート」につながります。

　筆算をする際，ノートの余白を使って細かい字で計算をする子どもがいます。そうすると，字が小さくなり，位のずれが生じたりして間違えやすくなります。ですから，問題を解決するための一過程だとしても，しっかりと１マスに１文字で書く習慣を身につけさせたいものです。**１マスに１文字を書かせることを特に意識づけたい授業では，マス目の黒板を用意することも大切**です。

　数字だけでなく，文字も同様です。解き方を文字で書くとき，マス目を気にせずに書いてしまうと，何を書いているのか自分でもわからなくなってしまいます。

途中の式をちゃんと
書いているね

（過程の重視）

$\dfrac{2}{5} \div \dfrac{3}{4}$の計算の仕方を考えましょう。

（6年「分数のわり算」）

C1
$$\dfrac{2}{5} \div \dfrac{3}{4} = \left(\dfrac{2}{5} \times 4\right) \div \left(\dfrac{3}{4} \times 4\right)$$ ◁ わり算のきまり

$$= \dfrac{2}{5} \times 4 \div 3$$

$$= \dfrac{2}{5} \times \dfrac{4}{3}$$ ◁ $A \div B = \dfrac{A}{B}$

$$= \dfrac{2 \times 4}{5 \times 3}$$

$$= \dfrac{8}{15}$$

T　C1さんは，**途中の式をちゃんと書いているね。**
「分数のわり算は，なぜひっくり返してかけるのか」
ということがよくわかるし，ふきだしもいいね。

　分数のわり算では，なぜひっくり返してかけるのかということを，これまでの学習を生かして考えていきます。

$$\frac{2}{5} \div \frac{3}{4} = \left(\frac{2}{5} \times \frac{4}{3}\right) \div \left(\frac{3}{4} \times \frac{4}{3}\right)$$

$$= \left(\frac{2}{5} \times \frac{4}{3}\right) \div 1$$

　上の式は，わり算のきまりを用いてわる数を1にしていることがわかります。

　また，直接1にあたる数を求めるのではなく，いったん求めやすい数値について考えた後，1にあたる数を求める考え方もあります。そのような考え方も，**途中式をしっかりと残すことで，数直線や問題場面（Lやkg，m²）と関連させて計算の手順をわかりやすく説明することができます。**

$$\frac{2}{5} \div \frac{3}{4} = \boxed{\frac{2}{5} \times 4 \div 3}$$

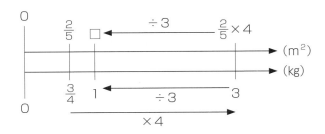

○○の図をかくときに
大切なことは何かな？

（要点の確認）

$\dfrac{2}{3}$と$\dfrac{4}{5}$ではどちらが大きいでしょう。

また，差はどれだけでしょう。

（5年「分数のたし算とひき算」）

T　まずはどちらの方が大きいと思いますか？

C1　分母も分子も違うから比べにくいね。

C2　図をかいていいですか？

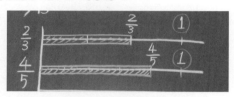

T　**分数の図をかくときに大切なことは何かな？**

C3　もとの1をそろえないと比べられません。

C4　ピザでもMサイズとLサイズの$\dfrac{1}{4}$は違う大きさだって前に学習したね。

T　では，差はどれだけかわかるかな？

C5　通分の考えが使えそう。

C6　分数数直線を見ると，$\dfrac{2}{3}$と同じなのは…

　算数では様々な数直線や図をかき，問題解決に使ったり，考えたことを整理したり，説明に使ったりします。

　計算においては，正確な図をかくことは，答えの見積もりにもなります。形式的に式の処理を行い，たとえ答えが大きく違ったとしても，その間違いに気づくきっかけとすることができます。

　図形の学習においては，補助線や作図の手順を正確に書き記すことで，相手にわかりやすく伝えられるだけでなく，自分の思考を振り返ることができ，落ちや重なりなどの誤りを見つけたり，よりよく改善したりすることができるようになります。

　教師は，「○○の図をかくときに大切なことは何かな？」とことあるごとに子どもに投げかけるようにします。この例のやりとりでは，下のように全体の1をそろえずに図をかいてしまうことを防ぐ目的があります。

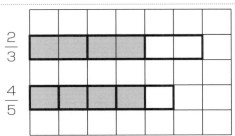

　さらに，自力解決中や発表の場面で，**「図をできるだけ正確にかこうとしているね」**と大いにほめることで，**図を正確にかくことを価値づけていきます。**

「ここ」「そこ」では
伝わりにくいなぁ

（記号化）

ゆみさんの家から近いのは，学校と病院のどちらで
しょう。

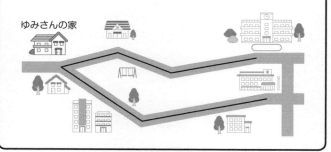

ゆみさんの家

（3年「円と球」）

C1　学校が近いです。ここからそこまでをコンパスで測
　　　って，ここに印をつけます。そして…

T　　似ているけど，ちょっと違う人いますか？

C2　病院からやってみると，ここからここの長さを…

T　　**「ここ」「そこ」では伝わりにくいなぁ**。どこの長さ
　　　を測っているかわかるようにできないかな？

C3　ゆみさんの家から最初の曲がり角を①とかAとかに
　　　すると，わかりやすくなるかも！

T　　①，②やA，Bのように記号をつけると説明しやす
　　　くなりそうですね。記号を使って説明してみよう。

図形の学習などで，黒板の前で説明するときに，子ども
が指示語を頻繁に使うことがあります。考えの道筋がわか
っている子は「ここが…」でもわかるかもしれませんが，
苦手な子ほど，どこの説明をしているのかわかりません。

　そこで，「ここ」「そこ」では伝わりにくいことを教師が
言語化します。さらに，指示語ではなく，どうすれば伝わ
りやすくなるかを問いかけることで，記号化するアイデア
を引き出します。

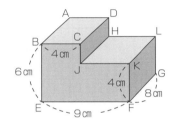

　上の例のように，教科書では，文章での説明が必要にな
る図に対して，あらかじめ記号が振ってあります。しかし，
授業の中で口頭で説明する際，その記号を使って説明しよ
うとしない子どもも少なくありません。記号を使うよさを
感じていないからです。

　ですから，左の例のように，**もともと記号は使われてい
ないものの，記号化することで説明がわかりやすくなる場
面において，指示語を使った説明の伝わりにくさを指摘し，
記号化することのよさを実感させることがポイント**です。

○○した気持ち，
わかるかな？

（気持ちの共有）

　　1辺の長さが15cmの正方形の工作用紙の4すみを切り取って，ふたのない箱の形を組み立てます。

　　このとき，箱の容積が一番大きくなるのは，切り取る正方形の1辺の長さが何cmのときでしょう。

（5年「直方体や立方体の体積」）

T　　できた箱が一番大きいことを説明しよう。

C1　ぼくは最初1cm切り取ればいいと思っていました。
　　（15－2）×（15－2）×1＝169（cm³）としたけど，3cmの方が大きいとわかりました。

T　　**最初1cm切り取ろうとした気持ち，わかるかな？**

C2　わかる！　残る面積が大きければ大きいほど容積が大きくなりそうだから，少ししか切りたくなかったんじゃないかな。

C3　私も最初そう思った。でも，2cm，3cm…と調べて表にまとめたら，3cmが大きかったよ。

切り取る正方形の1辺の長さ（cm）	1	2	3	4	5	6
箱の容積（cm³）	169	242	243	196	125	54

自力解決において子どもは様々な試行錯誤を行い，より簡潔明瞭で正確な方法や考えへと洗練させていきます。そのため，発表検討場面では，より洗練された方法や考えの発表の時間になりがちです。しかし，洗練されていない考えや方法をじっくりと議論し，そうしようとした気持ちを共有させることにも大きな価値があります。

しかし，子どもは（大人もそうですが），失敗したことを全体の場では発表したがりません。ですから，**「○○した気持ち，わかるかな？」と，教師が間違いへの共感を求める問いかけが大切**になるのです。

本時では，「最初１cm切り取ろうとした気持ち，わかるかな？」と投げかけています。すると，「より大きな容積をつくりたいから，切り取るのはより小さくしたい」という気持ちが共有されました。ここから，切り取った正方形の１辺の長さ１cmごとに容積を表に整理するという考えが出されることにつながっていきました。

ここでさらに，

「１cmずつ切り取った場合を調べ，表にしようとした気持ち，わかるかな？」

と投げかければ，「増えたり減ったりする変化が捉えやすい」という表のよさが共有できますし，整数から小数へと発想を広げると，さらに大きな体積を見つけることができるのではないか，という新たな問いの発見にもつながっていきます。

困った人から
話してみませんか？

(困り感の共有)

　野菜が値上がりしています。値段の上がり方が一番
大きいのはどれだと言えるでしょう。
① 50円→100円（きゅうり）
② 50円→150円（キャベツ）
③100円→200円（大根）

(4年「倍の計算」)

T　　きゅうりとキャベツなら，どちらの値段の上がり方
　　　が大きいかな？

C1　もとの値段が同じだから，50円から150円になった
　　　キャベツの方が値段の上がり方が大きいね。

C2　①は50円，②は100円上がっているよ。

C3　①は2倍，②は3倍になっているとも言えるね。

T　　それでは，キャベツと大根だったらどちらが値段が
　　　上がっていると言えるかな？

C4　比べにくいなぁ…。

T　　**困った人から話してみませんか？**

C5　もとの値段が違うから比べにくいよ。

C6　どちらも同じなんじゃないかな。だって差だと…

　算数の授業では，発表・検討の場面において，よく手が
あがる場面がある一方で，この例のように重たい空気に包
まれる場合があります。そんなときは，

　「困った人から話してみませんか？」

と教師が投げかけることで，**まずは，みんなが困っている
ことを，学級全体の課題として共有します。**

　４年生の「簡単な場合についての割合」では，はじめに
基準量がそろっている場合の比較から入ります。どちらの
値段の上がり方が大きいかは，基準がそろっている場合，
差で簡単に比べることができます。しかし，もとの値段が
違うものの比較の場合，「差で比べる方法」がよいのか
「倍で比べる方法」がよいのか子どもは悩みます。この問
題では，「差で比べる方法」では，②も③も100円の値上が
りですから，同じ値段の上がり方と考えられます。しかし，
「倍で比べる方法」では，②は３倍，③は２倍となり結論
が異なります。このように，答えが１つに決まらないので
発表しづらく，重たい空気になってしまうのです。

　「もとの値段が違うから比べにくい」ことが共有される
と，「②50円→150円（キャベツ），③100円→200円（大根）
ってことは，キャベツ２玉なら100円→300円になるから，
もとの値段がそろって比べやすいよ」「キャベツが２倍の
値段になっていることは２玉になっても変わらないね」と
いうように，**困っている人の視点に立って丁寧に議論を進
めるようになります。**

何に困ってるんだと思う？

（？の共有・予想）

　ポテトチップスの箱を，画用紙に写し取ってつくりましょう。

（2年「はこの形」）

C1 丸は角がないから普通のものさしじゃできませんでした。それでまず，丸の形だけつくったんだけど…

T C1さんは困ってるみたいなんだけど，**何に困ってるんだと思う？** 隣とお話ししてごらん。
（ペアで考え話し合う）

C2 横の面の紙をどこまで切ればいいのかがわからないんだと思う。

C3 横の面の長さをどうやって測ればいいかわからない。

C4 横の面って，何個あるか数えられない。

T 「数えられない」っておもしろいね。そんなこと思った人がいるかな？　どうすれば横の面を写せるかな？

　問いをつくる場面と同様に，検討場面でも「？」をはっきりさせることが大切です。そうしないと，解決ができた子だけが方法を説明する発表会になるからです。

　一斉形態の授業では，発言する子1名に対して，それを聞く子が多数という構図になります。**わかっていなくても，わかったふりができる**わけです。

　そこで，困ったことを共有・予想する機会をつくると，わかったふりをしていた子を減らせるとともに，解決の見通しをもたせることができます。

　そのためのキーフレーズ，「何に困ってるんだと思う？」によって，友だちがどの過程で困っているのか，つまずいているのかを明らかにして，「？」を全員で解決していきます。

　この例では，結果として以下の方法が出され，困っていたC1も，友だちの意見で新たな視点をもち，最終的に円柱の箱をつくることができました。

①紙を円柱に巻き，印をつけて写し取る

②円柱を転がして印をつけ写し取る

③つぶして写し取る（長方形にして2つ分）

④切って広げて写し取る

①　　　　　　　②　　　　　　　③　　　　　　　④

「うんうん」「えっ」って反応がいいね

（リアクション）

> 理科で観察した1日の気温の表を折れ線グラフに表しましょう。

（4年「折れ線グラフと表」）

C1 6月18日の気温を折れ線グラフにまとめました。

C2 うんうん。

C3 えっ。

C4 もっとさ…
（指を広げる）

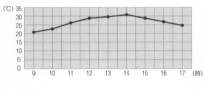

T **「うんうん」「えっ」て反応がいいね**。「うんうん」って人はC1さんと似ている考えなのかな。「えっ」て思った人は，少し違うんだよね。質問やつけ足しがありますか？　C4君は指を動かしてたけど…

C4 変化が伝わりやすいようにこうしたんだけど，C1さんどう？

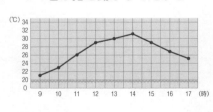

C1 納得！　1目盛りの大きさを工夫するといいんだね。

わからないことがあったり，友だちと異なる意見をもっていたりしても，それをみんなの前で明確に表明することは，子どもにとって，教師が思っている以上にハードルが高いことです。**特に，中学年，高学年と発達段階が上がっていくにつれて抵抗感が大きくなります。**

そこで大切にしたいのが，リアクションです。授業の中で見られる子どものリアクションには，以下のようなものがあります。

○つぶやき…「うんうん」「えっ」「もしかして」など
○表情　　…「あ〜」「うーん」「ニコッ」など
○動き　　…指さす，隣と相談しようとする，メモする，
　　　　　　一瞬手をあげようとして下ろす，など

こういった子どものリアクションを教師が瞬時に見取り，リアクションすることが，発表者だけでなく，学級全体の学びを深めていくことを教師が価値づけていきます。

つぶやきは，例えば，「え？」と「えー!?」のように，微妙な表現の違いで，ニュアンスが全然違ってきます。相手を傷つけるようなリアクションは慎むことを前提としつつ，より豊かな表現を奨励するとともに，よいリアクションをほめることで，みんなが気持ちよく学習できる環境，学びを深め合う集団をつくっていきたいものです。

みんなに伝わっていないみたいだよ

（?の確認）

76枚の折り紙を3人で同じ数ずつ分けると，1人分は何枚になるでしょう。

（4年「わり算の筆算(1)」）

C1 式は76÷3になります。

T 筆算でできるかな？

C2 こうやって書いて（76÷3を筆算形式で書く），まず7÷3をやって十の位に2を立てて，3×2＝6で，7－6＝1。それで，一の位の6を下ろして，16÷3をやって一の位に5を立てて，3×5＝15で，16－15＝1だから，答えは15あまり1になります。

C ……

T なんか，**みんなに伝わっていないみたいだよ。**

C2 どこからわからない？

C3 筆算のやり方は知ってるけれど，途中の計算の意味がよくわからない。

C4 あまりはどうやって出てきたの？

　答えの出し方がわかっている子どもにとって，解決の過程は難しいものではありません。しかし，答えが自分で導き出せなかった子どもや，他の解き方で考えていた子どもにとって，すぐに他者の解き方を理解することは難しいものです。

　子どもは，とにかく自分の解き方を知ってほしいという気持ちが先に立ち，聞いている人のことを意識できずに説明してしまうことがあります。感覚的な言葉を多用したり，ダラダラと続けて説明したりすることが多いのですが，ほとんどの場合，説明している本人はそのことに気づいていません。

　そういった場合，**教師は説明している子どもよりも，聞いている子どもの表情に着目しましょう。**きっと，多くの子どもが理解できていない場合，子どもの反応やつぶやきがなくなっていくはずです。

　そんなときは，説明し終わった子どもに

「みんなに伝わっていないみたいだよ」

と声をかけ，聞き手に意識を向けさせるのです。このひと言によって，説明している子どもだけでなく，聞いている子どもたちも，「具体的に何がわからなかったのか」を振り返り始めます。場合によっては教師から，

「何がわからなかったのかな？」

と声をかけてあげるとよいでしょう。そうすると，わからなかったことがだんだん明確になり，説明している子どもも，何を説明し直せばよいかがわかります。

2人で説明してみてよ

（説明しやすい環境づくり）

> 2.7mで8.64kgの棒があります。この棒1mの重さは何kgでしょう。

（5年「小数のわり算」）

T この問題が何算になるかわかりましたか？

C1 はい！　わり算です。説明できます。

T C2さんもできていたね。よかったら，C1さんと**2人で説明してみてよ。**

C1 まず，数直線を書きます。

C2

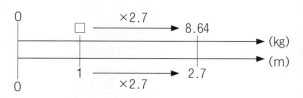

C1 今，C2さんが書いてくれたように，1mが2.7mに2.7倍するから，□kgも2.7倍すれば8.64kgになる。だから，□×2.7＝8.64になります。

C2 そう。だから，□は8.64÷2.7という，わり算の式になります。

　１人で説明することに抵抗を感じている子どもには，２人で説明させるのがおすすめです。

　自力解決中に，ある程度できているのに，みんなで話し合う場面になると，なかなか手をあげることができない子どもがいます。そんなときは，

　「２人で説明してみてよ」

と声をかけ，隣の子どもやよく発言する子どもと一緒に説明する場を設定します。

　話し慣れている子どもが話をして，**話すのが苦手な子どもは黒板に図や式を書くだけでもよい**のです。黒板に何か書くとしても，説明している子どもの話はよく聞かなければ書けません。よく聞く機会が増えるだけでも，話し方はうまくなりますし，人前に立つ経験にもなります。

　この方法は，たくさんの子どもが発言したいときにも有効です。なるべく多くの子どもに発言の機会をつくることができます。

うまくいかなかったことを話せるってすごいね

（つまずきの表明への価値づけ）

12×24のかけ算の仕方を考えましょう。

（3年「かけ算の筆算(2)」）

C1 24を20と4に分けて，今までのかけ算にしようとしたんだけど，うまくいかなかったんだ…

T なるほどね。**うまくいかなかったことを話せるってすごいね**。どうやってやったの？

C1 12を10と2，24を20と4って両方分けてみると，答えが小さくなっちゃった。

C2 そうそう。ぼくは4×8と4×8と4×8に分けたら96になって，小さくなった。

T 分けて今までのかけ算に直したのに，どうして答えが小さくなったのかなってことか。みんなその気持ちわかる？

C3 うん。

C4 確かに〜。

T じゃあ，今日は時間が来たから，次の時間はこれを問いとして考えてみよう。

　多くの人の前で，わからないと訴えたり，うまくいかないと打ち明けたりすることには勇気がいります。したがって，まずは教師がわからなさを質問として表現すると，子どもも徐々に言い出せるようになります。

　実際に子どもがうまくいかないと素直に打ち明けたときには，「うまくいかなかったことを話せるってすごいね」と，すかさず教師がその姿勢を価値づけ，他の子どもたちの共感を促します。

　同じ問題を扱った47の事例（「今までの学習を使って考えているね」）では，大きな数を分けることで既習の計算に帰着し，正しい答えを求めることができましたが，やみくもに分ければよいかというと，そうではありません。

　ここでは，授業の終末に，分けるというアイデアを形式的に使ったつまずきが子どもの中から出てきたので，うまくいかなかった疑問を教師が質問としてまとめて共有し，授業を終えました（板書右端）。次時は，図でその分け方の意味を考えていき，分配法則のきまりにイメージを深めていきました。

　このように，**つまずきを素直に表現する姿勢を肯定することで，授業と授業の間が子どもの問いでつながるようになります。**

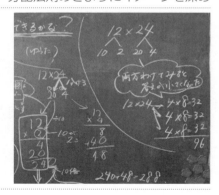

いつでもまわりの人と
相談していいよ

（発言しやすい環境づくり）

6年A組と6年B組では，どちらが「よく本を読んだ」と言えるでしょう。

読書記録調べ（A組）			
番号	冊数（冊）	番号	冊数（冊）
①	12	⑬	20
②	11	⑭	7
③	12	⑮	11
④	11	⑯	6
⑤	19	⑰	18
⑥	15	⑱	4
⑦	14	⑲	9
⑧	5	⑳	7
⑨	12	㉑	8
⑩	17	㉒	19
⑪	9	㉓	8
⑫	16	㉔	11

読書記録調べ（B組）			
番号	冊数（冊）	番号	冊数（冊）
①	9	⑬	15
②	7	⑭	12
③	9	⑮	19
④	13	⑯	8
⑤	3	⑰	6
⑥	2	⑱	12
⑦	4	⑲	4
⑧	18	⑳	19
⑨	19	㉑	6
⑩	26	㉒	8
⑪	5	㉓	26
⑫	3		

（6年「データの調べ方」）

C1　どうやって考えればいいかわからないなぁ。

T　　もし，自分で考えることができなかったら，**いつでもまわりの人と相談していいよ。**

C2　私は平均を出して比べたよ。

C1　そうか，平均を使えば比べられるね。他にも比べ方がありそうだね。一緒に考えてみようよ！

　自力解決の時間で，解決の糸口がつかめない子どもは，その時間が終わるまでじっと待っていないといけないのでしょうか。そんなことをしていては，算数が苦手な子どもは，いつまでも受け身で授業を受け続けなければなりません。

　「自力解決」という言葉のイメージから，どうしても，「自力解決の時間は１人で考えなければならない」と捉えられがちです。そういう認識を改め，**自力解決の時間＝問題を解く時間という程度に考えればよいでしょう。**問題を解くことを，必ず１人でやる必要はありません。わからないときは，人に聞いたり，一緒に考えたりすることも大切です。

　そういう教師の姿勢を子どもたちにも浸透させていくために，

　「いつでもまわりの人と相談していいよ」

と声をかけ続けることが大切です（もちろん，自分で考えたい子どもは，１人で考えてもよいこととします）。

　自分では問題を解決できなかった子どもも，まわりの友だちと一緒に考えたり，教えてもらったりすれば，集団検討に，解決方法をもった状態で臨むことができます。そうなれば，他の人が考え方を説明しているときに，「同じだな」とか「違うな」とか考えながら聞くことができるので，理解も進み，発言もしやすくなります。そして，何より算数の授業が楽しくなり，苦手意識も緩和されていきます。

解けた人は，まわりの人と
確認しておくといいよ

(自信をもたせる環境づくり)

半径が10㎝の円があります。

この円の面積は何㎝^{2}でしょう。

(6年「円の面積」)

(自力解決中)

T 何人か解けた人もいるようですね。**解けた人は，まわりの人と確認しておくといいよ。**

C1 ぼくは，1㎝^{2}がいくつあるのか数えてみたよ。円周の上にあるマス目は0.5㎝^{2}と考えて数えると，全部で310㎝^{2}になった。

C2 私は，円を16個の細かい三角形に分けて考えたよ。1個の三角形の底辺が3.9㎝で高さが9.8㎝だったから，3.9×9.8÷2×16＝305.76で，305.76㎝^{2}になったよ。

C1 へぇ，そうやって考えれば計算で求めることができるんだね。

C2 C1のやり方もわかりやすくていいと思うよ。2人とも300㎝^{2}ぐらいにはなっているけれど，ちょっと答えが違っているよね。

C1 本当だね。正解はどっちなんだろうね。

　問題を解決できたのに，みんなの前ではなかなか発言できない子どもがいます。そういった子は，ひと言で言えば自信がないわけです。多くの子どもに発言の機会を与えるためには，みんなに自信をつけさせることです。

　そのためには，解決できたら，まわりの人に自分の考えを聞いてもらうことを奨励するとよいでしょう。

「合ってるよ」

「なるほどね」

といった言葉をもらうと，それだけで安心します。これを続けていくことで，少しずつ人前で自分の考えを発表できる自信がついていきます。

　また，**まわりの人との考え方の違いにも気づきやすくなり，みんなで考える時間に「こういうことがわからない」という課題意識をもって臨みやすくなります。**

ここまでわかる？

（スモールステップの説明）

折り紙でつくった97個のプレゼントを保護者会に来た16人に同じ数ずつあげることにします。1人分は何個になるでしょう。

（4年「わり算の筆算(2)」）

T　はじめはうまくいかなかった人から発表できる？

C1　9と8は絶対違うと思って，7でやってみたら，16×7＝112になって，ひけませんでした。

C2　私は反対で4からやってみました。16×4＝64で，97－64＝33でしょ。これだとまだ配れるから…

T　**ここまでわかる？**

C3　うん，4だとまだ配れるね。

C2　そう，33個余っているから，16人ならあと2個ずつ配れそうだよね。**ここまでわかる？**

T　いいね，C2さん。みんなどう？

C4　33÷16＝2になるってことだよね。

C2　そう。4の上に2を書いて16×2＝32で…

　自分の考えを説明するとき，慣れないうちは説明することだけで一生懸命になることでしょう。黒板に書いた自分の考えを見ながら説明することもよくあります。

　そういった中で相手意識をもたせるためには，「ここまでわかる？」というキーフレーズを教師が積極的に使うことです。

　そのためには，黒板の前にいる発表者だけでなく，**発言を聞いている子どもをしっかりと見る必要があります**。説明が長くなるときだけでなく，子どもたちが難しそうな表情をしているときにこそ使いたいキーフレーズです。

　そして，この例のように，**説明している子ども自身が使った「ここまでわかる？」は教師がほめてあげたいところ**です。最初は形式的に使いますが，慣れてくると友だちの表情や反応を見ながら，自分の説明を適宜変えていく姿も見られるようになってきます。

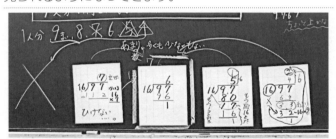

　2桁でわる筆算は，仮商が小さい場合，商を積み重ねて修正することで，正しい商を見いだすことができます。正しい筆算だけでなく，修正する過程も大切に指導していきたいところです。

どんな順番で
考えたのかな？

（論理の順番）

> 辺の長さが3㎝，4㎝，4㎝の二等辺三角形のかき
> 方を考えましょう。

（3年「三角形と角」）

C1 ここにコンパスを置いて4㎝の
円をかいて，次にそこにコンパ
スを置いて，4㎝の円をかいて，
交わったところを結べばかけま
した。

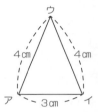

T 「ここ」「そこ」では伝わりにくいなぁ。あと，**どん
な順番で考えたのかな？**

C1 まず，アイの辺の3㎝を定規で引きます。

T 辺アイを3㎝だね。 ①アイ3㎝（定） とするよ。

C1 次に，コンパスをアから4㎝。

T ②は，コンパスの針を点アに置いて，4㎝の印をつ
ける。 ②点ア4㎝（コン） とするよ。

T 次はどう説明すると思う？　ペアで確認してみて。

C2 次は，③点イからコンパスで4㎝です。

T ③点イ4㎝（コン） で点ウが見つかりますね。最後
に辺アウ，辺イウを定規で引くといいね。

　苦手な子どもを支援するために，発想や根拠を問い返す他に，考えの筋道や手順を明らかにすることが有効です。**特に図形の作図では，記号を使い，手順をわかりやすく説明することは難しいので，教師がその意識をもたせ，支援するとよいでしょう。**

　教師は「どんな順番で考えたのかな？」というキーフレーズで，考えの筋道を意識させながら，子どもたちの言葉を整理していきます。

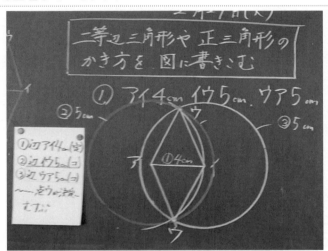

　板書では，手順と用具をより意識させるために画用紙にまとめました。また，短冊に①，②，③を別々に書いて並べ変えたりすると，三角形をかけるときとそうでないときがわかります。点ウを決めることで三角形がかけることがはっきりしてきます。

最初に何をした？
次に何をした？

(思考順序の言語化)

0，1，2，3の4つの数字を使って，4桁の数を
つくります。小さい方から9番目の数は，大きい方か
ら数えて何番目でしょう。

(6年「並べ方と組み合わせ方」)

C1 小さい方から9番目の数は2103で，大きい方から数
えると10番目です。

T どうやって調べましたか？

C2 全部書き出さないとわからないから，樹形図を使っ
て書き出しました。

T 全部書き出すとき，**最初に何をした？**

C3 グループをつくるため，千の位の数字を決めました。

T **次に何をした？**

C4 千の位の数字を決めたら，次に百の位，十の位，一
の位の数字を決めていきました。

T 適当に数字を決めましたか？

C5 順番がわかるように，小さい数字から使いました。

C6 それと，「4桁の数」という条件に合うかを考えま
した。「4桁の数」という条件だから，千の位に0
は使えません。

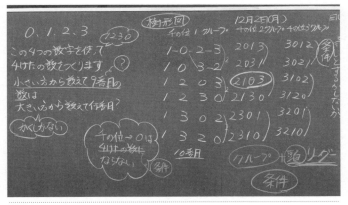

　筋道立てて考えたり，説明したりするためには，問題解決の順序を意識する必要があります。

　問題が解けた子どもも，そうでない子どもも，**答えを求めることを優先するあまり，どういう順序で問題を解決したのか（しようとしているのか）をあまり意識していないことが少なくありません。**しかし，問題解決の順序が曖昧では，説得力のある説明はできません。

　しかし，最初から順序立てて説明ができる子どもはそう多くありません。そこで教師が，

　「最初に何をした？」

　「次に何をした？」

と問いかけていくことで，子どもに問題解決の順序を意識させるようにします。

　このような働きかけを続けていくうちに，どこから手をつけたり，説明したりすればよいのかが考えやすくなっていきます。

例えば？

（考え方の具体化）

ビンゴゲームをします。9マスに1～100までで，好きな数字を入れましょう。

（2年「かけ算(2)」）

T　マスに数字を入れましたか？
　　これから九九カードを引きます。

31	99	55
12	33	24
77	15	22

C1　えっ，九九のカードなの？

C2　じゃあ，この数字は出ないよ。

T　どういうこと？

C2　九九の答えに33とか77とかないもん。先生ズルい。

T　ははっ，先に言っておけばよかったね（笑）

C3　そうだよ。そしたら入れる数字が変わるよ。たくさん答えがある九九にすればいいもん。

T　そうなの？　**例えば？**

C4　例えば，12だったら，3×4と4×3，2×6と6×2で，12になる式が4つあるよ。

C5　ぼくは18もいいかなって思った。

C6　そっか。答えがたくさんある九九があるね。

C7　先生，九九表は見てもいいですか？

　わかっている子の論理や説明は，わからない子には抽象的で伝わりにくいことがあります。そこで，教師が「例えば？」というキーフレーズを使い，説明をより具体的にして伝わるようにしていきます。子どもは，言葉や式を図に置き換えたり，図や式に説明をつけ足したり，表現を変えたりしながら，具体的にわかりやすく話をしようとします。

　このキーフレーズは，具体化を促しているものの，表現方法を指定しないオープンな問いかけです。事例では，答えが同じになる九九を共有する場面で使うと，子どもたちの中に違う式のイメージが生まれました。教材によっては，数にしたり図にしたりなど表現の違いも生まれるでしょう。**子どもたちの中にある具体的なイメージや考えを多様に引き出せることも，このキーフレーズのよさ**です。

　また既習事項を根拠にしたときや同じような考え方を使っているときは，「この考え方はこれまでの学習でも使っていたね。例えば？」と発問し，既習事項を想起させ，発言を引き出すことができます。このように，**焦点化させたうえで具体化を促すような使い方もできます**。

　このキーフレーズは，子どもの間にも広がりやすいのが特徴です。説明の中で「例えば…」とより具体的に述べたり，簡単な数字に置き換えたりする姿を認めたら，「『例えば…』って，相手にわかりやすく伝えようとしていていいね」と価値づけていくと，より子どもが使う表現として学級に根づいていくでしょう。

わからないときは「わからない」と言ってね

（わからなさを肯定する環境）

6÷2になる問題をつくりました。
下の2つの問題を比べましょう。

（3年「わり算」）

| 6個のあめを2人に同じ数ずつ分けると，1人分は何個になりますか。 | 6個のあめを1人に2個ずつ分けると，何人に分けられますか。 |

T　似ているところと違うところはどこでしょうか？

C1　どちらも6÷2になります。

C2　「2人に同じ数ずつ分ける」と
　　「1人に2個ずつ分ける」が違う。

C3　図も違うよね。

C4　でも図も同じに見えてきた。

C5　そう？　同じに見えない…

C6　（黙っている）

T　**わからないときは「わからない」と言ってね**。わからないことを質問できるとさらにすごいな。

C5　図が同じって言っているけど同じに見えないです。

T　うん，難しいよね。C5君のように思った人？　わからないままにしないのがすばらしいよ。

「わからない」と素直に言ったり，リアクションとして表現したりできる子どもを育てていきたいものですが，実際には，C6のように，わからないまま黙っている子が少なくありません。

C6のような子を見つけたときには，シンプルに，

「わからないときは『わからない』と言ってね」

と言葉をかけ，わからなかったり，違和感を覚えたりしたことを素直に表現してよいことを伝えます。

そして，

「わからないことを質問できるとさらにすごいな」

と投げかけ，C5のように，わからなさのつぶやきなどのリアクションをしている子を取り上げます。このように，**わからないことを表現した子を認めたり，称賛したりしていくことで，より多くの子どもが自分のわからなさを表明できるようになっていきます。**

はじめて考えることはわからなくて当然ですし，わからないことがそのままめあてや焦点化した問いにもなります。だれかが「わからない」と言ったことで，みんなで話し合って解決する場面をつくることができるのです。そういった場合，話し合いの後に，

「○○さんが『わからない』と言ってくれたおかげで，もう一度みんなで考えることができたね。○○さん，ありがとう」

と教師が感謝を伝えると，さらに表現しやすくなっていくはずです。

この続き，なんて言おうと しているかわかる？

(他者の考えの追体験)

> しんや君は，前から数えると4番目，後ろから数えると5番目に並んでいます。全部で何人並んでいるでしょう。

(1年「たしざんとひきざん」)

C1　前から4と後ろから5だから，9人になるのかな。

C2　8人だよ。

T　8人っていう人と9人って考えた人がいるね。

C3　理由も言えます。図に表すとこうでしょ？

　　　まえ　○○○●○○○○　うしろ

　　だから数えると8人です。

C4　でも，4＋5＝9だから，9人だと思います。

T　図に表したり，式に表したりするのはとてもわかりやすいね。4＋5＝9で間違ってないよね。どうして答えが違うのかな？

C5　前から4番目はいいんだけど，後ろから5番目の5をたしちゃうと，1人増えちゃうよ。

C6　わかった！　だったら…

T　待って！　みんなは，**この続き，なんて言おうとしているかわかる？**

「この続き，なんて言おうとしているかわかる？」
という発問を通して，他者の考えの追体験をしながら，自分で解決する喜びや他者の考えのよさを味わわせていきたいものです。

　同様に，**図や式を途中まで書かせ，「この続きは何を書くと思う？」と聞くことも有効**です。

　この例は，図で表すと全部で8人なのに，式で表すと4＋5＝9になってしまうことをどうすればよいか考えている場面です。

　解決策に気づいた子どもに全部説明させてもよいのですが，**クラスのほとんどが気づけていない場合は，すべてを発表させるのではなく，ヒントを出させながら解決までのプロセスを追体験させます。**ヒントの例として，図に補助線を入れさせたり，気づいたきっかけを話させたりします。①や②のように図に線を引いた場合，「どんな式を考えたと思う？」と考えさせることができます。①であれば4＋4＝8，②であれば4＋5－1＝8と言うかもしれません。また，気づいたきっかけを発表させれば，「C5の『1人増えちゃうよ』がヒントだよ」と言うかもしれません。

○○さんの考え方が
おもしろいよ

（発言が苦手な子の考えの価値づけ）

三角定規を組み合わせて，いろいろな角度をつくりましょう。

（4年「角の大きさ」）

T　できた角度をカードに書いていきますね。

C1　30°と45°で75°

C2　45°＋60°＝105°

（中略）

T　順番に並べよう。

| 30° | 45° | 60° | 75° | 90° | 105° | 120° | 135° | 150° |

T　角度も長さや重さのようにたすことができました。
　これで全部かな？

C3　たぶん。15°ずつ増えてる。ないところもある？

T　**（C4を見て）C4さんの考え方がおもしろいよ。**
　C4さん，紹介してみない？

C4　こうしてみたら15°ができました。

C5　あー，ひき算か～。すごい！

C6　45°－30°＝15°だね。

　教師としては取り上げたい考えがあっても，その考えの子が挙手しないことがあります。発言することが苦手な子を，どう発言できるようにしていくか。多くの教師の悩みです。

　「〇〇さんの考え方がおもしろかったよ」

というキーフレーズは，**特に年度，学期はじめに有効**です。クラス替えや休み明けなどで新たな気持ちでがんばろうと思っているタイミングで自信をつけさせます。特に，今まで進んで発言をしなかった子が何度も発言するようになると，まわりの子も刺激を受けます。また，「挙手しなくても取り上げてくれるんだ」という思いや，「挙手しなくても指名されるんだ…，ちゃんと聞いて考えなきゃ」という思いも生まれるでしょう。

　この例は，角度を組み合わせる活動を通して，長さや重さなどの量と同じように角度も加減計算ができることを意識させることがねらいです。教師は，子どもたちがたし算の考えで固定化しているため，「これで全部かな？」と15°の変化に目を向けさせます。Ｃ４さんに発言してほしいな…と目で訴えかけても，挙手してくれないという場面です。Ｃ４の立場で考えると，友だちと違った考え方だから，自分の考え方で本当によいのか不安になっているわけです。ここで「〇〇さんの考え方がおもしろいよ」と言われるとその不安を払拭できます。**それでも不安そうな場合は，教師が代弁してあげてもよいでしょう。**

似ているけど，ちょっと違う考えの人いますか？

(考えのつなぎ方)

廊下を走る人の人数を調査しました。結果をまとめた表を基に，棒グラフに表してみましょう。

(3年「ぼうグラフと表」)

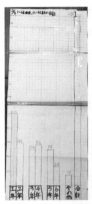

C1 ぼくは走っている人の合計を伝えたいと思ったから，合計の人数をグラフに入れました。それで紙をつなげました。

C2 えーっ，それあり？

T 紙をつなげた気持ちわかる？

C3 まぁ，合計を表す方が，学校全体で走っている人が多いことは伝わるね。

T **似ているけど，ちょっと違う考えの人いますか？**

C4 ぼくも全体の数を表したんだけど，1枚の紙に入れるために目盛りの数を変えたよ。

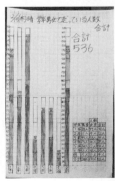

C1 なるほど，それもいいね。

　子どもたちの考えをつなげるためには，考えと考えの共通点や相違点を意識できるようにすることが大切です。そのため，同じところや違うところ，さらに共通点の中にある小さな相違点を見つけられるようにするために，

　「似ているけど，ちょっと違う考えの人いますか？」

というキーフレーズを使います。

　はじめは，教師からすると「それって同じでしょ…」と思うようなこともありますが，子どもからすると違うということもあります。小さな差異についての意見を認め，教師が子どもの視点で違いを考える姿勢が大切です。

　特に，発言することが苦手な子どもは，自信がありません。勇気をもって発言しても，**「えっ？」「そうなの？」「それ，さっきと同じ」といったちょっとした友だちの反応に傷つきます。**

　ですから，たとえ的を射ていない内容だったとしても，

　「○○君と似ているけど，ちょっと違う考えの人いますか？」

と教師が全体に問い返し，子どもたちに考えをつないでもらいます。

　最後に教師が，

　「今日は○○君のおかげで違いがはっきりしたね」

という言葉かけをすると，前向きに算数に取り組む姿が増えていきます。

088

○○さんの考え方に賛成の人いますか？

(立場の明確化)

次の表は，15人の子どもの乳歯の抜けた本数を表しています。○を使ってグラフに表しましょう。

にゅうしのぬけた本数

あお	いつき	うみ	えり	おうた	かほ	きずな	くみ	けんと	こうき	さち	しおり	すばる	せいや	そうし
3	2	0	1	2	4	2	1	1	2	2	0	1	1	4

(2年「グラフとひょう」)

T ○を使ってグラフに表して，わかりやすくします。どのように表をまとめようと思いますか？

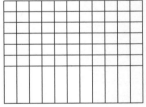

C1 下に名前を書いて，○をかいていくといいと思います。

C2 それもいいけど，表とあまり変わらないから，多い順に左から名前を書くとわかりやすいと思いました。

C3 抜けた本数を下に書いて，抜けた本数の人が何人いるかを表すのもいいんじゃない？

T <u>C1（C2，C3）さんの考え方に賛成の人いますか？</u> どうしてそれがいいと思ったの？

　賛成か反対かを問うことで，立場（考え）を明確化することを目的としたキーフレーズです。順に挙手させる方法や，グー・チョキ・パーで一斉に挙手させる方法があります。

　自分の考えが定まっている場合は，友だちの考えと比較することになります。また，自分の考えがまだ定まっていない場合も，どの考えに近いのか，どの考えがよいと思うのかを考えることになります。決められない場合でも，

「どうしてそれがいいと思ったの？」

と全体に問い返していくことで，それぞれの考えの根拠に焦点が当たっていくので，他者の考えを取り入れることがしやすくなります。

　主に，自力解決の見通しを全体で共有した場面や，全体検討で考えを比較する場面，検討が終わり次の問題解決にどの考え方を活用するか考える場面など，自分の考えを改めて意識させたいときに使えるキーフレーズです。

　この例では，自力解決の見通しの場面を取り上げました。1つの表からいろいろなグラフをつくることができます。どの考えも間違っているわけではありません。そのため，それぞれの意見を聞くことで，グラフの項目の設定の仕方について深めることができると考えました。見通しをもてなかった子どもも，友だちの考えを参考に自力解決に取り組み，目的によって表したい項目やグラフが変わることに気づいていきました。

よくわからないなぁ…

（考え方の再共有）

> 子どもが12人でかくれんぼをしています。
> いさむさんがオニです。いさむさんは5人見つけました。まだ何人隠れているでしょう。

（1年「たしざんとひきざん」）

C1 12－5＝7です。

C2 はい！　はい！　ぼくは違うと思います。
12－6＝6です。

C3 はい！　はい！　私も少し違います。
12－1－5＝6です。

C1 （えっ，どうしてだろう…）

T うーん，**よくわからないなぁ…**。12－5じゃどうしてダメなの？

C3 だって，かくれんぼでしょ。12人のうち，いさむさんはオニだから，隠れているのは11人だよ。そして5人見つけたから12－1－5＝6です。

C1 （あっそうか…，いさむさんはオニだからか！）

T そうなの？　まだ，**よくわからないなぁ…**。問題には12と5しかないのに，どこから1が来たの…？だれか図をかいて説明できない？

　C1のように間違いが予想されるような素直な考えを説明したのに，他の子の正しい発言が続いてしまうことがあります。「わからないなぁ…」「質問！」と子どもが言えるようになるには，C1のような内言を教師が「よくわからないなぁ…」と代弁することが大切です。そうして，わからなかった子たちが，どうしてそうなるのかを考え，正しい解決への着眼点に気づけるようにします。

　特に1年生は，問題文の数値をそのまま使えばよいと思いがちです。教師がそうしたありがちな間違った見方を話すことで，子どもたちは教師を説得する構図になり，必死になって話すようになります。さらにここでは，説明が伝わりにくいときに図を使うという考え方を示します。

12人

いさむさん　　見つかった5人　　　　かくれている□人

　そして，**教師がよい間違いをした子にもう一度発言する機会をつくることも大切**です。自分の間違いに気づいたC1に発言させ，自分の考えを修正する機会をつくります。そうした姿を「間違っていた発言ってみんなの考えを深めるね」「友だちの考えを聞いて自分の考えを変えていけるってすごいね」などと価値づけます。こうして，苦手な子も間違いを恐れず自分の考えを発表する，みんなで学ぶ学習の文化が育っていきます。

【**参考文献**】『尋常小学算術　第一學年児童用下』

どこを見ているの？
しゃべらないで説明できる？

(着眼点の共有)

計算できるでしょうか。

① 49	② 48	③ 47
−17	−17	−17

(2年 「たし算とひき算のひっ算」)

C1 もう次の問題がわかった！

C2 私は答えもわかるよ。

C3 …？

T わかったっていう人もいるけれど，うーんと考えている人もいるみたいだね。

C4 はい！ はい！ (挙手)

T **どこを見ているの？ しゃべらないで説明できる？**

C4

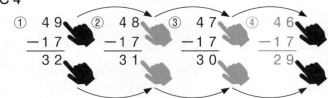

C3 そういうことか！ わかった！

C5 でも46−17は，6−7はできないね。

本時は，初めて繰り下がりのある筆算に出合う場面です。既習のひき算の筆算の練習として①〜③を出していきました。ひかれる数を１ずつ減らしているので，答えが１ずつ減っています。そうした変化に気づくことで，④の式と答えが予想できます。繰り下がりの筆算ですが，答えを先に出せてしまう。そこから一の位同士ひけない場合について考えていく展開にしました。

Ｃ３の子どものように，子どものわかり方にはタイムラグがあります。手をあげている子だけでなく，手をあげていない子の顔や表情に目を向けて，その子どもたちの反応を全体に伝えます。そして，わかった子，発見した子をすぐに指名して発言させるのではなく，着眼点を共有するために，

「しゃべらないで説明できる？」

とジェスチャーを促します。その場ではわかっていない子が他の子の思考を追体験する，再発見する過程を踏むことで，どこに注目をしているのか，何を考えようとしているのか，プロセスを暗に伝えることで，苦手な子どもたちを授業に巻き込むことができます。

「ヒントだけ言えない？」

というキーフレーズも有効ですが，低学年だとほぼ答えを言ってしまうようなこともあります。また，**ジェスチャーは，答えを言うことを防ぐだけでなく，伝わっても伝わらなくても，温かい雰囲気を生みだすことができます。**

みんなの反応を意識して 話ができているね

(聞き手への意識)

四角形に1本の直線を引いて，2つの形をつくります。どんな2つの形ができるでしょう。

(2年「長方形と正方形」)

C1 (黒板の前で) ここから，ここに線を引くと三角形が2つできます。

T うんうん。「ここからここ」ってどこのこと？ 算数の言葉で言うとどうなる？ (教師が少し黒板から離れてC1を見る)

C1 この頂点からこの頂点に，わかる？ 直線を引くと三角形が2つできます。

T いいですね。**みんなの反応を意識して話ができているね**。

C2 ぼくは，一番上の頂点から，下の辺の真ん中に直線を引きました。そうすると，三角形と四角形になります (声が小さく少し自信がなさそう)。

T (C2の側に移動して) 三角形はどの部分かな？

　自分の考えを発信することで精いっぱいのときは，相手の様子や反応を見ながら話すことは大人でも難しいものです。黒板に書いた自分の考えを説明するときなどはなおさらです。また，低学年の子どもは，教師に向かって話してしまいがちです。

　まずは教師の立ち位置を変えるだけで，聞き手への意識をもって話せるようになります。例えば，子どもが黒板の前で発表する場合や教師を見てしまう場合は，**教師が子どもたちの机の間に入って，子どもと同じ視線で聞く姿勢を見せます。**こうするだけで，友だちの方を向いて発表するようになります。もしそれでもうまくいかないときは，教師が「もう一度説明してください」とわからない聞き手の手本となります。聞き手の子どもの近くで様子を見ることもでき，一石二鳥です。また，声が小さい場合なども，発言者から一番離れた場所で，「聞こえない」と何かしらの合図を送ってあげることができます。

　また，発表者の後ろに立つことで勇気づけ，聞き手を意識させることもできます。

　「〇〇ちゃんがどんな顔をしているか見てごらん」

　「『うーん』って顔している人がいるね」

と気づいていない反応を伝えてあげることができます。

　このように，立ち位置を工夫し，聞き手を意識して発言する姿があれば，キーフレーズを使って全体の前で価値づけます。こうして，聞き手を意識して話す学習の文化を培っていきます。

092

日常生活でも
よくあるよね？

（日常生活とのつながり）

> 34人いる学級を9つの班に分けます。
> どんな分け方があるでしょう。

（3年「あまりのあるわり算」）

T　何算をしましたか？

C1　わり算です。34÷9をしました。

C2　でも，3だと7あまって，4だと2人足りなくなってしまうよ。

T　確かにそうだよね。でも，あまりが出たり，足りなくなったりすることって，**日常生活でもよくあるよね？**

C3　あー，確かに。わりきれなくても，なんとかするよね。

C4　なるべく同じになるように，1人違いだったら4人か3人の班にできそう。

T　9つの班がどのように分けられるか考えていきましょう。

　「算数で学習していることは，自分たちの日常生活にもつながっている」ということに気づかせるために，

　「日常生活でもよくあるよね？」

と投げかけています。

　学校には出席番号や生活班，グループ活動など，様々な数の集合があります。偶数，奇数という見方で分けたり，いくつかの集合で分けたりすることもあります。ものの集まりと数を一対一で対応づけ，役立てている場面を取り上げ，日常生活と結びつけていきます。

　「34÷9＝3あまり7」のように計算できますが，実際の日常生活では，あまった7人も班に振り分けるので，下の図のように，**座席表で表現する子どもも出てきました。**

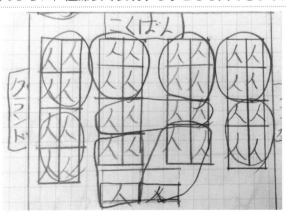

第2章　目的別　算数授業で使えるキーフレーズ100　205

093

○○さんの言ったこと，わかるかな？

(他者の考えの理解)

スーパーにおつかいに行きます。何円持って行けば足りるでしょうか。金額を見積もりましょう。

(4年「がい数の使い方と表し方」)

C1 ぼくは十の位を四捨五入して考えました。お米は2300円，牛乳200円，卵200円，ハム300円として，計算すると，3000円だと思いました。

お米	2320円
牛乳	220円
卵	190円
ハム	340円

T これまでの四捨五入の考え方を生かしているね。

C2 私は，切り上げの考え方を使いました。お米2400円，牛乳300円，卵200円，ハム400円で，計算すると3300円持って行くといいと思いました。

T <u>C2さんの言ったこと，わかるかな？</u>

C3 なんで切り上げをしてるんだろう…。

C4 おつかいでお金が足りなくなると困るから，多めになる切り上げがいいってことじゃない？

C1 (なるほど…，そうすると切り上げがいいかも)

C5 確かに，そのまま計算してみると3070円だから，3000円では足りないね。

　45分の算数授業では，多くの子どもはどうしても聞く時間が多くなってしまいがちです。どの子も主体的に授業に参加できるようにするためには，子どもたちが他者の考えと自分の考えの異同を比べ，自分の考えを変えたり深めたりする授業にしていく必要があります。

　しかし，発表検討の場面で，一人ひとりの発言がつながらない発表会のようになる場合や，（特に低学年で）自分の考えを発言することだけで満足してしまうような場合には，

「○○さんの言ったこと，わかるかな？」

というキーフレーズを使って，まず他者の考えに目を向けさせることが有効です。

　例えば，Ｃ２の発表を聞いても，Ｃ３のようにやり方（形式）のみを受け止める子も入れば，Ｃ４のように文脈を意識してそうした理由を考える子もいるなど，いろいろな受け止め方があります。もしかしたら，**発言者のＣ２自身も，実はそこまで考えていなかった可能性もあり，発言者も友だちに意図や考えを話してもらうことで，学ぶことができます。**

「○○さんが言ったこと，わかるかな？」

で発表者以外に言語化を促すことで，新たな発見が生まれるよさに気づくことができれば，より多くの子が主体的に授業に参加していくようになります。

○○さんの言ったこと, どう思う?

(自分の考えとの違い)

> なるべく高いタワーをつくりましょう。

(1年「かたちあそび」)

T　なるべく高いタワーをつくるために, どんな工夫をした?

C1　箱の向きを考えるといいです。長い方を縦にしました。

C2　そうそう。全部縦だと倒れちゃうから, 下の方は横向きにして, 乗せやすいようにしました。

C3　私たちの班も, 横向きにしたんだけど, 幅が大きくて, 重たい箱にしました。

T　少し違う意見だね。**C3さんの言ったこと, どう思う?** 自分たちの班とはどう違う?
　　(ペアで話す/C3の班のタワーを見に行く)

C4　ぼくは箱の向きと大きさは気にしていたんだけど, 重さまでは気にしてなかった。確かに, 重たい箱の方が, うまく建てられそうだね。

T　C4君すごい。自分の考えと比べて, C3さんの考えのいいところの意見を言えているね。

　友だちの考えを理解するときは，まず自分の考えと似ているのか，違うのかに着目することが第一歩です。そのため，子どもの考えをつなぐときに，似ているのか違うのかを示してあげることは有効な手立てです。そして，違う意見に対してどう思うかを問い返すことで，自分の考えとの比較やそれぞれの考えのよさに焦点が当たっていきます。

　特に，低学年の子どもは，自分の考えを言ったことで満足してしまい，その後は，友だちの意見を聞いていないようなことがよくあります。そのため，違いに目を向けさせたり，友だちの意見に対して自分の意見をもたせたりするために，

　「〇〇さんの言ったこと，どう思う？」

と問い返していきます。そして，**自分の考えと比較しながらよさに触れられた意見を，積極的に価値づけていきます。**

○○さんがどうして
こうしたかわかる？

(他者の発想の共有)

mは漢字で書くと「米」と書きます。
kmは漢字で書くと「粁」と書きます。
Lは漢字で書くと「立」と書きます。
では，kLは漢字で書くとどんな漢字でしょう。

(6年「重さのたんいとはかり方」)

C1 きっと，「竏」と書くと思います。

T **C1さんがどうしてこうしたかわかる？**

C2 mが「米」でkmが「粁」で，k（キロ）というのは
1000倍の意味だから，k（キロ）の意味が漢字の右
側についている。kLは，Lの1000倍という意味だ
から，同じように右側に千の漢字をつけて「竏」と
いう漢字になると考えたのだと思います。

C1 そうそう。mとkmの関係とLとkLの関係は1000倍
で同じだから，漢字のつくり方も同じだと思ったん
です。

T 正解です。

C3 dLとかcmとかの漢字もあるんですか？

T ありますよ。どんな漢字になるかな？

「○○さんがどうしてこうしたかわかる？」

というキーフレーズは，友だちの発想の源を問うための発問です。友だちの発想の源を考えることで，「どうしてそうするのか」という，問題解決のための着眼点が言語化されるのです。

　友だちの解き方の説明を聞けば，どのように問題を解決したのかはわかります。しかし，そもそも「どうしてそうしようと思ったのか」という着眼点がわからないのです。**着眼点がわからなければ，せっかく友だちの説明を聞いたとしても，他の場面で使えるようになりません。**

　着眼点を聞けば，「こういうときにも使えそうだな」とか「他にも使えるところがありそうだな」とか，聞いている子どもも，発展的に考えることができるようになります。この例で言えば，「mとLの単位の仕組みが同じだから」という発想の源がわかれば，他の単位にもその仕組みを広げて考えることができます。

○○さんが話したこと,
もう一度説明できる？

(話し手への意識)

2つの数をたして，次のカードの数を求めましょう。
1 1 2 3 5 8 13 21 … 144 233 …

(3年「たし算とひき算の筆算」)

C1 次は，144＋233だね。

C2 3桁になっても簡単だよ。だって位ごとに分ければ
簡単にできるもん。

T 位ごとに分けると，どうして簡単なのかな？

C3 10の位と100の位も1の位同士の計算になるから。

T **C3さんが話したこと，もう一度説明できる？** じ
ゃあ，自分で話せるようにもう一度聞いてみよう。

C3 位ごとに分けると，144＋233の百の位は1＋2，十
の位は4＋3，一の位は4＋3になって，どれも一
の位同士の計算になるよ。

T 少し説明を加えてくれたね。みんなよく聞いていた
ね。C3さんが言ったこと説明できそう？ 隣の友
だちとお話ししてみてください。

C (ペアで話す)

C4 位ごとに分けると，どれも9＋9までの計算になる。

　友だちの意見を聞き，自分の考えとの共通点や相違点を比べるとともに，言語化する意識を高め，実際に表現する機会を増やすことで，主体的に授業や学習に取り組む態度を養っていきます。書き言葉でも話し言葉でも，表現するときには，自分がどんな考えをしているのか，表現する前に整理したり，後に振り返ったりする思考が働きやすくなります。うまく表現できないときは，自分の考えが整理できていないことに気づくことにもなります。

　そこで，

「○○さんが話したこと，もう一度説明できる？」

というキーフレーズで，話し手への意識を高めつつ，表現をする意識をもった聞き手にしていきます。

　実際の授業で，いきなりこのキーフレーズを使うと，集中が切れていた子などは困ってしまいます。そこで，**このキーフレーズの後，もう一度同じ発言者やつけ足しできる子が発言する機会をとります。**

　1時間に何度も使うと間延びしてしまうため，次のような場合に絞って，使っていきます。

・素朴でも，洗練させていけそうな場合

・全体で共有したい数学的な見方・考え方を働かせている場合

・算数の定義や用語を適切に使った場合

　事例では，位ごとに分けると1位数同士の計算になるという十進位取り記数法の考え方に迫っていくことができると考え，全員で言語化する展開をとりました。

○○さんの意見に
質問がある人いますか?

(他者の考えへの疑問)

> 3個80円のグミを12個買います。
> 代金はいくらでしょう。

(3年「倍の計算」)

C1 私はテープ図で考えました。

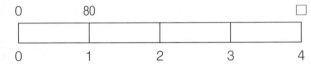

C2 うんうん。

C3 質問! 質問!

T いいですね。**C1さんの意見に質問がある人いますか?**

C3 だいたいわかったんだけど, 問題は3個80円のグミを12個買うのに, 4って何を表しているの?

T C3さんの質問したいことって伝わったかな?

C4 「4の単位は何」ってことだよね。あと「グミの3個と12個がないけどどうするの」って意味かな。

C1 確かにそうだね。単位を書いてなかった。

T では, C1さんの図と続きを, みんなノートにかいて考えてみよう。

　主体的に学習する態度の１つとして，自ら問う姿勢，質問をつくる力をはぐくみたいものです。

　しかし，全員がC３のようにはじめから質問できるわけではありません。そこで，キーフレーズのように，

　「○○さんの意見に質問がある人いますか？」

と問い返すとよいでしょう。

　この例の場面のように，図を用いた説明は，読み取り方が多様であり，質問を出しやすい場面です。

　ある子どもが質問した内容について，他の子にどう思うかを問いかけることも重要です。自分が考えた質問を友だちも同じように思っていたんだと実感させることで，さらに質問しやすくなります。質問した子，質問された子の双方に価値があることを教師は伝えていくとよいでしょう。

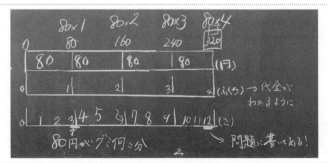

　教科書にあるテープ図や数直線は，完成された１つの形です。一方的に図のかき方を教えるのではなく，子どもたちがかいた図のプロセスをみんなで解釈しながら，どう表すとわかりやすいのかを検討していけるとよいでしょう。

答えが出た後も問題を発展させていていいね
（発展的に考える態度の価値づけ）

　もとの量から20%増量したあと，やっぱりもとに戻そうとすると，20%減らせばもとに戻るのかな？

（5年「割合」）

T　学習感想にこんな疑問を書いた人がいました。**答えが出た後も問題を発展させていていいね**。みんなはもとに戻ると思いますか？

C1　同じ%を増やして減らすんだから戻ると思う。

C2　戻らないんじゃないかな？　値段はいくらかな？

T　値段は決めた方がいいですか？

C3　もとの値段を1とすると，20%増はもと×1.2でしょ。そして，20%減は0.8だからもと×1.2×0.8になります。

C4　ということは，1.2×0.8が1ならもと通りだね。

C5　1.2×0.8＝0.96になっちゃった。だから，減らし過ぎちゃうね。

C6　ってことは，20%減のあとで20%増しても，もとには戻らないってことか。

C7　「では何%にすればもとに戻る？」も問題になるね。

T　C7さんも**答えが出た後も問題を発展させていていいね**。

　自力解決が終わった子どもが，

　「先生，終わったら何をすればいいですか？」

と尋ねてくることがあります。問題解決的な算数の授業では，１時間の中で主に取り組む問題は１つであることが多いため，早くできた子どもが時間を持て余しているのです。そういった空白の時間をつくらないためにも，早く終えた子どもに対しても，支援の仕方を考えておく必要があります。

　これまでも，考えを式や図，操作等で説明できるように促したり，考えを整理させたりする発問について述べてきましたが，

　「答えが出た後も問題を発展させていいね」

という言葉かけも，子どもが自ら課題を設定して取り組もうとする姿勢をはぐくむためのキーフレーズと言えます。

　この例のように，学習感想等に実際に書かれていた，子どもの疑問（問題）を，学級全体の問題として取り上げていきながら，答えが出た後もさらに発展して考えられるように促していくとよいでしょう。

子どもがさらに考えた問題

　1000円のマスクを60％増で売り出しましたが，売れなくなったので，もとの値段に戻すことにしました。今ついている値段の横に何％引きと書けば，もとの1000円に戻るでしょう。

他の解き方を
考えていていいね

（解き方の多様性）

この紙の束には，紙が何枚
あるでしょうか。

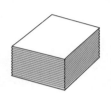

下の情報を使って考えてみ
ましょう。

①10枚の紙の束の厚さ…1㎜
②10枚の紙の重さ　　…73g
③この紙の束の厚さ　…3㎝
④この紙の束の重さ　…2190g

（6年「比例・反比例」）

C1　①と③を使えばできそうだな。紙の枚数と厚さは比
　　　例するから，まず1枚の紙の厚さを求めると1÷10
　　　＝0.1で0.1㎜。紙の束の厚さは3㎝だから30㎜。だ
　　　から，30÷0.1＝300で，300枚ということかな。

T　　C1君は①と③を使って考えたようですね。

C1　②と④を使ってもできると思って考えています。

T　　答えが出た後も，**他の解き方を考えていていいね。**

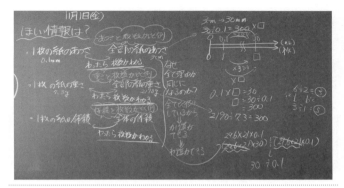

　算数は，答えが決まっていても，答えにたどり着くための解き方は多様に存在することが多いものです。

　答えを出して終わりにせず，他の解き方を考えることによって，多様な解き方に共通する大切な考え方を見つけることができるのです。

　すべての紙の枚数を考える際，厚さに着目しても，重さに着目しても，どちらでも枚数を求めることはできます。しかし，**両方の求め方で答えを求めた方が，この問題の大切な考え方に気づきやすい**のです。

　この問題では，厚さでも重さでも，どちらを使って考えたとしても，比例を使っているという点が共通しています。そして，比例していれば，かけ算やわり算を使って考えることができるということに気づかせたいのです。

　算数というのは，「違いの中から同じを見つける学習」でもあります。そのためには，多様な解き方で考える必要があることを子どもに伝えていきたいものです。

授業で考えたことの続きを
考えられていていいね

(粘り強さ)

日常生活の中で，大きい数が使われていることを探
してみましょう。

(4年「大きい数のしくみ」)

T ○○さんが調べたことがとてもおもしろいので紹介し
ます。**授業で考えたことの続きを考えられていていい
ね。**

無量大数より大きな数
ってどう表すの？

⚫無量大数より大きな数ってあるの？

〈私の考え〉
あると思う
なぜなら〇をたくさんつなげば，もっと
大きな数がかけるから。

なら、どうよべばいいの？

〈私の考え〉
もう一回〇からくりかえす。
こうしてくり返せば、はてしなく
大きな数を表せる。

「じゅん」を漢字で書くと…

じゅん めぐる

⚫どんな意味だろう？

→
国語辞典で「巡る」と調べてみま
した⚫

〈どうしてそう思ったか〉

①新しいたん位の名前をどんどん
作ると、おぼえるのも大へんだし、
作るのも、大へんだから。

にたような名前がいっぱいあって、
おぼえられないよ～

②今回の学習でたん位ごとに一十百千
をくり返すのを見て、くり返すって
べん利だな…と思ったからです。

でも問題が…

2以降に使うたん位を
①回とくべつをしないと…

③次々にうつりかわってまた
もとにもどる。

④まわりをかこむ。とりかこむ。

⑤そのことに関けいする。

③番の意味がまさにぴったり⚫

なので、「巡」という字にしよう⚫

　算数の授業が終わっても，新たな問いをもち，追究し続ける子どもに育ってほしいものです。そうして子どもが授業後に追究した問いについて，次時の導入で紹介したり，全体の問いとしたりすると，1時間1時間がつながっていきます。**こうした授業の繰り返しで，問いをつなげて考える主体的な学習態度，粘り強い学び方が子どもの身についていきます。**

　この事例は，「1億より大きい数」の自由課題として探究したものです。子どもたちは，算数を自分でつくったり，日常の出来事を算数で捉え直したりしました。

　新型コロナウイルスの流行によって，学校のICT環境が整備されていきそうです。そうなると，例えば，授業の学習感想や成果物を見るのは今まで主に教師でしたが，オンラインで学習感想を書き込むようにすると，子どもが家庭など授業外でも学習感想や成果物を見ることができるようになります。いずれにしても，粘り強く学習する態度につなげるには，やはり学ぶ楽しさが必要です。子どもが学びに没頭するような教材づくりや価値づけも重要です。

巡一　巡十　巡百　巡千　巡万
巡億　巡兆　‥‥‥　巡無量大数
さらに，次は，3巡目なので‥‥

〈学習感想〉
私は，勉強をしている時，新しいアイデアが思いつかない時は，前の考えを生かす事も大切だと思いました。

　　　　　　　　04/30 10:20
　　　すごいな～　読んでいてニヤニヤしちゃいました。考え方の道筋が分かりやすかったです。
新しい単位をどんどんつくると大変。
「巡」という漢字の意味だと，くりかえす意味合いをこめられる
学習感想の「前の考えを生かす」という，まさに算数の大切な考え方です。

おわりに

　本書では，具体的な授業場面に基づいて，「算数授業で使えるキーフレーズ」について解説してきました。これらのキーフレーズは，特定の単元や内容に限らず，広く使えるものだと考えています。

　算数授業を通して全国の先生方とつながるようになり，特に若手の先生には「教科書の赤刷りを読んでもよい授業ができない」「板書計画で想定していた大事な考えが引き出せない」といった悩みがあることを知りました。

　私たちも，授業研究を通して，多くの先生方からご指導・ご助言を受けてきましたが，「よい授業」をするには確かな教材研究とそれを生かす教師の姿勢があり，そこには共通の「キーフレーズ」があると考えたのです。今回，見いだした100のキーフレーズは，小さな一歩に過ぎませんが，読者の皆様の授業の一助になることを願っています。

中村真也

　自分がどんなキーフレーズを使っているのかを考える過程は，日々の算数授業で何を大切にしているのかを改めて考え，明らかにする過程でした。「今までの学習を生かせば，新しい問題も解決できる」「算数の新しいきまりを発見できた」というような "算数をつくる楽しさ" を一人でも多くの子どもたちが感じられる授業です。

「キーフレーズは客観性のあるものなのか？」と質問を受けたことがあります。もちろん汎用性のあるものを目指しましたが，実際は目の前にいる子どもたちや前後の文脈によって効果が変わってくるでしょう。同じ空間にいても子どもたち一人ひとりの思考のストーリーは違うからです。本書で紹介しているキーフレーズは，そうした一人ひとりの思考や感情に寄り添い，どこに着目させることでこの子は考えたくなるのかという「個の見取り」の視点としても活用できると思います。キーフレーズを使うことを通して，子どもと算数をつくる楽しさを，先生たちも一緒に感じていただけると幸いです。

田中英海

　本書の作成にあたって，明治図書出版教育書編集部の矢口郁雄さんには構想段階からご意見を頂戴し，よりわかりやすく私たちのメッセージが伝わるよう，何度も校正を粘り強くしていただきました。おかげさまで，一冊にまとめることができました。最後になりましたが，この場を借りて感謝の意を表したいと思います。

東京学芸大学附属小金井小学校算数部
加固希支男　中村真也　田中英海

【編者紹介】

東京学芸大学附属小金井小学校算数部
（とうきょうがくげいだいがくふぞくこがねいしょうがっこうさんすうぶ）

【著者紹介】

加固希支男（かこ　きしお）
著書に『数学的な見方・考え方を働かせる算数授業』『学級経営 OVER35』（以上明治図書），『なぜ算数の授業で子どもが笑うのか』『発想の源を問う』（以上東洋館出版社）他。

中村　真也（なかむら　しんや）
雑誌『新しい算数研究』（東洋館出版社），『教育技術』（小学館），書籍『講座算数授業の新展開　第3学年』（東洋館出版社）分担執筆。

田中　英海（たなか　ひでみ）
雑誌『新しい算数研究』『算数授業研究』，書籍『板書で見る全単元・全時間の授業のすべて　算数　小学校2年下』（以上東洋館出版社）他で分担執筆。

算数授業 発問・言葉かけ大全
子どもが考えたくなるキーフレーズ100

2021年2月初版第1刷刊 ©編者 東京学芸大学附属
2022年1月初版第4刷刊　　　　小金井小学校算数部

発行者　藤　原　光　政
発行所　明治図書出版株式会社
http://www.meijitosho.co.jp
（企画）矢口郁雄（校正）大内奈々子
〒114-0023　東京都北区滝野川7-46-1
振替00160-5-151318　電話03(5907)6701
ご注文窓口　電話03(5907)6668

＊検印省略　　　　組版所 長野印刷商工株式会社

本書の無断コピーは，著作権・出版権にふれます。ご注意ください。

Printed in Japan　　ISBN978-4-18-327513-4
もれなくクーポンがもらえる！読者アンケートはこちらから